KESTER SCHLENZ

Ich bin bekloppt...

und ich bin nicht
der Einzige

von Helga
zu Weihnachten
2020!

mosaik

KESTER SCHLENZ

Ich bin
bekloppt...

und ich bin nicht
der Einzige

MEIN WEG AUS
DER PSYCHOKRISE

mosaik

Alle Ratschläge in diesem Buch wurden vom Autor und vom Verlag sorgfältig erwogen und geprüft. Eine Garantie kann dennoch nicht übernommen werden. Eine Haftung des Autors beziehungsweise des Verlags und seiner Beauftragten für Personen-, Sach- und Vermögensschäden ist daher ausgeschlossen.

Wir haben uns bemüht, alle Rechteinhaber ausfindig zu machen, verlagsüblich zu nennen und zu honorieren. Sollte uns dies im Einzelfall aufgrund der schlechten Quellenlage bedauerlicherweise einmal nicht möglich gewesen sein, werden wir begründete Ansprüche selbstverständlich erfüllen.

Sollte diese Publikation Links auf Webseiten Dritter enthalten, so übernehmen wir für deren Inhalte keine Haftung, da wir uns diese nicht zu eigen machen, sondern lediglich auf deren Stand zum Zeitpunkt der Erstveröffentlichung verweisen.

Verlagsgruppe Random House FSC® N001967

Dieses Buch ist auch als E-Book erhältlich.

3. Auflage
Originalausgabe August 2020
Copyright © 2020: Mosaik Verlag, München,
in der Verlagsgruppe Random House GmbH,
Neumarkter Str. 28, 81673 München
Umschlag: zeichenpool
Redaktion: Monika König
Satz: Uhl + Massopust, Aalen
Druck und Bindung: GGP Media GmbH, Pößneck
Printed in Germany
CH · TW
ISBN 978-3-442-39353-4
www.mosaik-verlag.de

INHALT

Vorwort 9
»Was? Ein Buch über deine psychischen Probleme?
Mach das bloß nicht!«
Warum ich es trotzdem gemacht habe

1. »Was? Du auch?« 15
Wenn man erst mal auspackt, reden auch die anderen
Erstaunliche Geständnisse

2. Der unsichtbare Feind 18
Es kann jeden erwischen
Psychische Probleme – das Volksleiden

3. Wenn die Dämonen kommen 22
Wie es sich anfühlt, psychisch krank zu sein
Ein Blick in meinen Kopf

4. Das Therapeuten-Bingo 40
Es ist nicht leicht, den richtigen zu finden
Meine Odyssee durch den Psycho-Dschungel

5. In der Klapse 71
oder: »Kester flog übers Kuckucksnest«
Bericht aus dem Inneren einer psychosomatischen Klinik

6. Selbsthilfe 138
Was kann ich tun?
Der Anfang ist die Einsicht

7. Mackenkunde – das reiche Gedeck des Irrsinns 144
Angst, Depressionen, Zwänge, Panikattacken
Ein kleines Lexikon der lockeren Schrauben

8. »Beschreiben Sie das bitte« 160
Ein Therapeutengespräch
So oder ähnlich läuft es ab

9. Die Co-Alkoholiker 169
Gut Gemeintes hilft oft nicht
Die Rolle von Partnern und Freunden

10. Ein todernstes Thema 173
Was machen bei Suizidgedanken?
Hier finden Sie Hilfe

11. »Dr. Dröhnung« – was einwerfen und gut ist's? 175
Medikamente – meine Erfahrungen
Diazepam, Antidepressiva, Angstlöser

12. Und woher kommt der ganze Scheiß nun? 180
Die quälende Frage nach den Ursachen
Kann man Angst lernen?

13. Ruhe jetzt, verdammt noch mal! 187
Wie komme ich bloß runter?
Entspannungstechniken
Progressive Muskelentspannung
Autogenes Training
CDs etc. zum Runterkommen
Meditation
Alkohol und Drogen zum Runterkommen

14. Brief an mich selbst 208
Kester schreibt an Kester

15. Schreib das auf! 212
Warum Notizen wichtig sind

16. Was mir geholfen hat 215
Eine sehr persönliche Liste

17. Empfehlenswerte Bücher und CDs 219
Meine Top-Favoriten aus der Krisenzeit

Dank 223

VORWORT

»Was? Ein Buch über deine psychischen Probleme? Mach das bloß nicht!«

Warum ich es trotzdem gemacht habe

Liebe Leserinnen und Leser,

ich weiß natürlich nicht, warum Sie das hier gerade lesen. Ich vermute mal, dass Sie das Thema beschäftigt. Vielleicht kennen Sie jemanden, der psychische Probleme hat. Vielleicht sind Sie selbst betroffen. In beiden Fällen fragen Sie sich sicherlich, ob dieses Buch vielleicht für Sie oder andere geeignet ist, denen es nicht gut geht. Deshalb sage ich gleich mal, was Sie hier bekommen: Dieses Buch ist kein klassischer Ratgeber, sondern ein Erfahrungsbericht. Ich bin kein Experte, ich bin ein Betroffener. Aber vieles, was mir widerfahren ist, erlebt jeder, der eine psychische Krise durchmacht. Die Probleme, die Muster, sind oft sehr ähnlich. Vor allem die Verzweiflung, die Hilflosigkeit und die Angst, dass es nie aufhört. Ich habe da einiges an Erfahrungen gesammelt. Auf die meisten hätte ich liebend gern verzichtet. Aber das Leben weigert sich eben gelegentlich, die Bahnen zu nehmen, die man gern befahren möchte. Und dann biegt man, ohne es zu wollen, ab – in seine ganz persönliche Hölle.

Ich hatte ernsthafte psychische Probleme, Ängste und Depressionen. Ich habe diese Probleme eigentlich immer noch, aber ich komme heute besser mit ihnen klar. Meine Krankheit bezeichnet man gewöhnlich als Hypochondrie. Das klingt für viele nicht besonders schlimm, weil der Begriff umgangssprachlich so häufig etwas neckisch für Leute benutzt wird, die sich ab und an mal Sorgen um ihre Gesundheit machen und häufig zum Arzt gehen. »Ach, du Hypochonder«, heißt es dann, wenn jemand mal Stiche in der Brust hat und dann kurz darüber räsoniert, ob er vielleicht Herzprobleme hat. Das ist keine wirkliche Hypochondrie. Ich rede von einer ernsten Angsterkrankung. Ich rede von der Angsthölle in meinem Kopf, die mich beinahe an nichts anderes mehr denken ließ und mir den Schlaf und die Lebensfreude raubte und die mich am Ende zu einem depressiven Zwangskranken machte, der von Arzt zu Arzt rannte und alle möglichen Vermeidungsrituale entwickelte, um der Angst zu entkommen. Nach außen gab ich den erfolgreichen Journalisten und lustigen Kerl, innen tobte ein verzweifelter Kampf in meinem Gehirn.

In diesem Buch erzähle ich, was ich erlebt habe, wie mich die Angst holte und nicht mehr verließ und was das mit mir, meiner Familie und meinem Leben machte. Ich lasse Sie sozusagen in meinen Kopf gucken. Ich bin nichts Besonderes. Aber das, was ich erlebt habe, machen, wie gesagt, viele durch, die psychisch krank sind.

Ich habe verzweifelt nach dem richtigen Therapeuten gesucht. Ich habe Einzel- und Gruppentherapien gemacht. Ich bin falsch und ich bin richtig behandelt worden. Ich habe es ohne und mit Medikamenten versucht. Und ich bin vor zwanzig Jahren drei Monate in einer psychosomatischen Klinik gewesen. Was ich dort mit mir und anderen erlebt habe, ist das zentrale

Kapitel dieses Buches. Denn in diese Welt kann man normalerweise nicht schauen. Aber man kann viel von ihr lernen. In diesen drei Monaten habe ich fast die ganze Bandbreite dessen erlebt, was einem als psychisch Kranker widerfahren kann: totale Verzweiflung, Angst, Wut, Trauer, das Gefühl, am Ende zu sein. Aber ich habe eben auch gelernt, den Weg hinaus aus dem Dunkel zu finden. Ich war ganz unten. Und doch ging es irgendwann wieder bergauf. Damals konnte ich das nicht glauben. Es war unvorstellbar für mich, dass ich eines Tages wieder zu Hause bei meiner Familie sein würde, wieder arbeiten, weiter Bücher schreiben und sogar Ressortleiter beim Magazin *Stern* werden würde. »Niemals« hätte ich gesagt und mir selber weiter leidgetan. Dass das alles doch geklappt hat, dass ich mein Leben zurückbekommen habe und dass ich mit Krisen heute besser umgehen kann, dafür bin ich unendlich dankbar.

Ich habe dafür mit mir und anderen schwer gerungen. Ich habe Freunde unter meinen Mitpatienten gefunden, die ein wichtiger Teil des Heilungsprozesses waren. Von ihnen möchte ich hier auch erzählen. Die Namen sind natürlich geändert, die Personen verfremdet. Ich will niemanden outen. Auch die Namen der Therapeuten und der der Klinik sind nicht die wirklichen. Ich will vom Grundsätzlichen erzählen, und dieses Grundsätzliche habe ich so erlebt. Ich will erzählen, wie wir in der Klinik miteinander umgegangen sind und was das mit mir und den anderen gemacht hat. Mitzuerleben, wie es anderen Menschen geht, die auch krank sind, sich gegenseitig zu helfen und den Fokus auch mal von sich zu nehmen und das eigene Leid zu relativieren – das war eine wichtige und heilsame Erfahrung für mich.

Jedes Schicksal ist einzigartig. Jeder ist auf seine eigene Weise krank. Aber es gibt so etwas wie ein gemeinsames Grundrauschen des Leidens. Diese Trennung zwischen dir und der Welt der Gesunden. Das Gemeine am seelischen Schmerz ist, dass man sich oft unter Gesunden so allein fühlt. Die anderen, die sind alle so gut drauf. Du möchtest auch so gut drauf sein. Aber du hast Angst, Depressionen oder Panikattacken. Dieses Buch soll zeigen: Du bist nicht allein. Es geht vielen so. Sehr vielen. Und es gibt Hilfe. Dieses Buch erzählt, wie ich und andere diese Hilfe fanden. Es erzählt, wie es sich anfühlt, »krank im Kopf« zu sein. Und es soll zeigen, wie vielfältig und beinahe irrwitzig psychische Probleme sein können und warum Humor helfen kann.

Ja, da, wo es geht, soll dieses Buch auch Spaß beim Lesen machen. Klingt sonderbar, aber manchmal war ich eben auch verdammt sonderbar und die anderen in der Klinik auch. Erst in der Nachbetrachtung ist mir klar geworden, wie bescheuert manche unserer Verhaltensweisen waren, wie skurril die Wege sind, die sich die Psyche sucht, um bestimmte Gefühle nicht zuzulassen. Denn darum geht es sehr oft: um verdrängte, unangenehme, angstmachende Gefühle, die man nicht aushalten will und doch aushalten muss, wenn man gesund werden will. Uns hat damals in der Klinik das gemeinsame Lachen über unsere »Spinnereien« oft geholfen. Wenn ich mal besser drauf war, habe ich manchmal gedacht: »Mann, in welchem Film bin ich hier eigentlich?« Das entsprechende Kapitel in diesem Buch hat denn auch den Untertitel »Kester flog übers Kuckucksnest«, angelehnt an die Tragikomödie »*Einer flog über das Kuckucksnest*«, verfilmt mit Jack Nicholson. So wie der fühlte ich mich auch oft, etwa als ich einer Zwangspatientin mit Messie-Syndrom dabei assistierte, eine der vielen Kisten von ihrem Dachboden ungeöffnet in einen Müllcontainer zu schmeißen. Ihr Mann hatte die Kiste extra vorbeigebracht. Es war die Hölle für Ina. Obwohl sie eigentlich wusste, dass es Unsinn war, behauptete sie, dass in der Kiste womöglich ihr Pass, ihre Geburtsurkunde und eventuell auch Bargeld liegen würde und sie deshalb da dringend noch mal reinschauen müsste. Der Zwang tat ihr fast körperlich weh. Sie hat es dann nicht getan und die Kiste mit allergrößter Überwindung weggeschmissen. Und sie ist auch nicht nachts noch mal zum Müllcontainer geschlichen, um doch noch mal die Kiste zu durchwühlen – so wie früher zu Hause. Ina hat durchgehalten, obwohl es ihr so schwerfiel. Skurril, oder? Für Ina war diese Übung einer der vielen Schritte, um gesund zu werden. Wir halfen uns bei solchen so genannten Expositionen gegenseitig. Nur, weil wir einander so gut verstanden und unsere eigenen Dämonen zähmen mussten, konnten wir das machen, ohne die anderen einfach nur bescheuert zu finden und sie auszulachen. Natürlich waren meist auch Therapeuten bei den Expositionen anwesend. Aber gelegentlich übten wir auch auf eigene Faust. Der AIDS-Phobiker konnte prima dem Mitpatienten mit den sozialen Ängsten helfen und die Frau mit dem Waschzwang dem Depressiven, der sich zu nix mehr aufraffen wollte. Solche Geschichten finden Sie auch in diesem Buch.

Als ich beschloss, es zu schreiben, haben mir meine Frau Gesa und mein jetziger, großartiger Therapeut (ja, ich gehe immer noch zu einem) zugeraten und einige Freunde vehement abgeraten. »Bist du wahnsinnig?«, fragten sie. »So etwas Intimes macht man doch nicht öffentlich. Du bist Redakteur beim *Stern* und ein erfolgreicher Buchautor. Das wird dein öffentliches Bild beschädigen. Das kannst du nicht machen.«

Eigentlich bestärkte mich diese Reaktion in meinem Entschluss. Die Warnungen waren ja sehr lieb gemeint. Man wollte mich sozusagen vor mir selbst schützen, wie es so schön heißt. Aber ich hatte die Nase voll von der Rumdruckserei und dem

Schweigen. Ja, es ist mit den »Psycho-Sachen« nicht mehr so schlimm wie früher. Heute kann man in aufgeklärteren Kreisen schon mal sagen, dass man zu einem Therapeuten geht, ohne dass man gleich als Irrer abgestempelt wird. Trotzdem ist das Thema für viele immer noch tabu, weil es mit Schwäche gleichgesetzt wird. Über Rückenprobleme, Arthrose, hohen Blutdruck, selbst über schwere körperliche Krankheiten kann man reden. Aber der Satz »Ich bin psychisch krank und muss eine Therapie machen« geht den meisten Betroffenen nicht über die Lippen.

Ich will mit diesem Buch helfen, das Tabu ein kleines Stück weiter aufzuweichen. Es ist mir egal, dass einige jetzt vielleicht denken: »Na, guck an, der Schlenz hat einen an der Waffel und schreibt auch noch drüber. Der Mann ist gesellschaftlich erledigt.« Die sollen sich gehackt legen. Geht mir sonst wo vorbei! Für euch ist dieses Buch nicht. Ich kenne so viele, die psychische Probleme haben und darüber lange nicht geredet haben. Ich schreibe jetzt drüber. Und jeder, der will, kann es lesen. Gut, ich gebe zu: Ich habe dafür etliche Jahre gebraucht. Es hilft, dass ich schon älter bin und mir eigentlich nicht mehr so viel passieren kann. Feuern werden sie mich beim *Stern* schon nicht.

Meine Frau hat mir, wie gesagt, zugeraten. Aus dem gleichen Grund wie mein Therapeut: Über die eigenen psychischen Probleme zu schreiben, schafft Distanz zu sich selbst. Die Gefahr, wieder abzuschmieren, ist ja immer da. Ich weiß, dass das Eis dünn ist, das mich jetzt trägt. Ich kann jederzeit wieder einbrechen. Beim Schreiben aber blicke ich auf mich selbst, erkenne Mechanismen, sehe, was ich alles schon geschafft habe und erinnere mich daran, wo ich nicht wieder hinwill: in den Teil meines Gehirns, in dem die Dämonen wohnen. Bleibt, wo ihr seid, ihr Mistkerle!

1.
»WAS? DU AUCH?«

Wenn man erst mal auspackt,
reden auch die anderen
Erstaunliche Geständnisse

Ganz am Anfang machte ich den ganzen Mist mit der Angst im Kopf mit mir selber ab. Ich brütete, führte innere Dialoge, um mich zu beruhigen (»Du warst doch gerade erst beim Arzt.« oder »Du kennst das doch. Bleib locker.«). Ich wollte nicht krank sein. Ich dachte, es geht wieder vorbei. Aber es ging nicht vorbei. Die Erste, der ich von meinen Problemen erzählte, war natürlich meine Frau Gesa. Irgendwann bemerkten dann aber auch Freunde und Kollegen, dass ich Probleme hatte, und ich begann mich nach und nach zu öffnen. Ich traf auf unerwartet großes Verständnis und viel Empathie. Und das Erstaunliche war: Von nicht wenigen erfuhr ich, dass sie ähnliche Probleme hatten oder gehabt hatten oder jemanden in der Familie oder im Freundeskreis kannten, der oder die ebenfalls psychisch krank war. Mir hat das damals geholfen. Natürlich wusste ich irgendwie, dass es all das gab, aber es war für mich abstrakt geblieben. Depressive etc. – das waren andere, irgendwo da draußen. Aber die anderen, die lebten direkt um mich herum. Nicht, dass Sie mich falsch verstehen: Ich war nicht umgeben von Depressiven, Zwänglern, Angstkranken oder Schizophrenen. Die meisten kamen ganz gut klar. Aber eben nicht immer und auch nicht alle. Da gab es Versagensängste, Schlafstörungen, depressive Episoden, Sucht oder zwanghaftes Verhalten. Mal mehr, mal weniger, mal vorübergehend, mal zunehmend. Aber das alles erfuhr ich erst, als ich selber von meinen Problemen erzählte. Es war dann so, als ob ich eine Tür geöffnet hätte zu einer Welt, in der jeder allein seine Kreise dreht und dann aufmerkt und sieht: Ach, da ist ja noch jemand. Ich musste den Anfang machen und sagen: Mir geht es nicht gut, ich habe Angst und halte das nicht mehr aus. Und dann hörten einige aufmerksam zu und begannen von sich zu erzählen. Manche waren richtig erleichtert, mal mit jemandem über all das reden zu können, mit jemandem, dem es auch nicht gut ging. Natürlich wunderten sich die meisten erst einmal. Ich galt ja als witziger, unterhaltsamer Typ, bei dem alles im Lot zu sein schien. Und ich wunderte mich ebenfalls manchmal. Da war der erfolgreiche Ingenieur und Extremsportler, der kaum schlief, wenn er keine Tabletten nahm. Da war die Kollegin, die noch häufiger zum Arzt rannte als ich und nicht weiterwusste. Da war der von allen bewunderte Top-Schreiber, der trank, weil er seine innere Leere nicht mehr aushielt. Erfolgreich zu sein, viel Geld zu verdienen, gut rüberzukommen, Statussymbole – all das blendet uns manchmal, und wir denken: Boah, dem scheint die Sonne aus dem Hintern. Aber was hinter dieser Fassade ist, weiß man eben nicht.

Was will ich nun mit diesen Einlassungen sagen? Soll man also mit seiner Krankheit hausieren gehen? Jedem auf die Nase binden, dass man einen an der Waffel hat? Das nun nicht. Ich würde jedem raten, sich nur Menschen zu öffnen, denen man vertraut und von denen man sich einigermaßen sicher sein kann, dass sie nicht am kommenden Tag das Erzählte auf Facebook posten. Ja, ich weiß, klingt wie eine Binse. Jeder ist ja schon mal von anderen enttäuscht worden. Man muss das situativ und spontan entscheiden. Meist fragt ja jemand: »Sag mal, geht es dir nicht gut?« Ich glaube, dass man dann spürt, ob der- oder diejenige wirklich interessiert ist und mit dem Gesagten umgehen kann. Ich selber habe keine schlechten Erfahrungen gemacht und bin auf viel Verständnis getroffen. Auch im Job. Aber das mag daran liegen, dass ich damals bei einer Frauenzeitschrift arbeitete, in der man etwas anders miteinander umging als, na sagen wir, auf dem Bau oder bei einer Versicherung. Nicht alle Vorgesetzten reagieren so großartig verständnisvoll und unterstützend, wie meine damalige Chefredakteurin Anne Volk. Niemand ist aber gezwungen, seinem Arbeitgeber zu sagen, woran er erkrankt ist. Das geht nur den Arzt und die Krankenkasse etwas an. Man muss noch nicht einmal auf die Frage seines Chefs »Was fehlt Ihnen denn?« wahrheitsgemäß antworten.

Am besten ist es, wenn Sie das Thema, wem Sie sich wann offenbaren sollten, in Ruhe mit Ihrem Arzt oder Therapeuten besprechen. Ich kenne Leute, die offiziell eine »Kur« gemacht haben, aber einige Wochen in einer psychosomatischen Klinik waren, ohne dass ihr Arbeitgeber Genaueres wusste. Ich rate aber nur zu dieser Art von Verschleierung, wenn man wirklich Bedenken hat, dass einem Offenheit schaden könnte. Oft ist die Wahrheit der bessere Weg. Für einen selbst und auch, um wilden Gerüchten vorzubeugen.

2.
DER UNSICHTBARE FEIND

Es kann jeden erwischen
Psychische Probleme – das Volksleiden

Die Sprache ist verräterisch: »*Nicht ganz richtig in der Birne sein*«, »*Einen an der Waffel haben*«, »*bekloppt*«, »*bescheuert*«, »*plemplem*«, »*behämmert*«, »*meschugge*«, »*gaga*«, »*verdreht*«, »*durchgeknallt*«, »*närrisch*«, »*wunderlich*«, »*beknackt*«. Obwohl die meisten Menschen über ihre seelischen Problemen immer noch nicht gern sprechen, verrät allein schon die Vielfalt der Synonyme für die Worte »psychisch krank«, wie sehr das Thema uns alle beschäftigt. Sprachlich ausdifferenziert ist in allen Gesellschaften vor allem das, was irgendwie latent wichtig ist, was Angst macht – und manchmal gern verdrängt wird. Also noch mal zum Mitschreiben: Wir reden in diesem Buch nicht von mir und ein paar Spinnern, die irgendwie nicht mit sich klarkommen. Wir reden von einem Massenphänomen, psychische Erkrankungen sind ein Volksleiden. Und sie scheinen zuzunehmen.

Keine Angst, ich will niemanden mit Statistiken langweilen, aber ein paar Zahlen müssen jetzt sein, um das Phänomen einzuordnen und zu zeigen, dass um uns herum jede Menge Leute unterwegs sind, die »einen an der Waffel haben«:

Jeder vierte Mensch wird nach Schätzungen der Weltgesundheitsorganisation (WHO) einmal in seinem Leben psychisch krank. »300 Millionen Menschen erkranken pro Jahr an Depressionen, 800 000 begehen Suizid«, erklärte Tarun Dua von der WHO-Fachabteilung für psychische Gesundheit 2018 auf einer Tagung in Genf. Bei uns im Land ist die Lage nicht besser: Die Deutsche Gesellschaft für Psychiatrie und Psychotherapie, Psychosomatik und Nervenheilkunde (DGPPN) stellte 2018 fest: »*In Deutschland sind jedes Jahr etwa 27,8 Prozent der erwachsenen Bevölkerung von einer psychischen Erkrankung betroffen. Das entspricht rund 17,8 Millionen betroffenen Personen, von denen pro Jahr nur 18,9 Prozent Kontakt zu Leistungsanbietern aufnehmen.*« Das heißt also, dass sich über achtzig Prozent der Betroffenen offenbar keine therapeutische Hilfe holen. Die machen das sozusagen mit sich aus. Mit manchmal dramatischen Folgen für die Betroffenen und ihre Familien. Häufig kommt es zu Trennungen, und nicht selten flüchten sich psychisch Kranke in ihrer Not in Alkohol, Medikamente oder Drogen. Ich habe hier auch meine eigenen Erfahrungen gemacht und in meinen dunkelsten Stunden eine innige und nicht ungefährliche Beziehung zu Beruhigungsmitteln aufgebaut, die ich wie einen Goldschatz neben meinem Bett liegen hatte (siehe dazu auch S. 175 ff). Aber auch immer mehr Kinder und Jugendliche erkranken psychisch, wie verschiedene Krankenkassen melden.

Es geht also nicht um nur einige wenige Durchgeknallte, die sich und ihr Leben nicht im Griff haben. Nein, Lady Gaga und Mister Crazy sind unter uns! Und das massenhaft. Mit erheblichen volkswirtschaftlichen Auswirkungen. Der DAK-Psychoreport 2019 lieferte erschreckende Daten. Demnach hat sich die Zahl der Krankheitstage aufgrund psychischer Probleme in den vergangenen zwanzig Jahren mehr als verdreifacht, ca. 2,2 Millionen Menschen sind inzwischen betroffen. Psychische Störungen lagen damit im untersuchten Jahr bundesweit auf dem dritten Platz der Krankheitsarten. Und der bayerische Versicherer Swiss meldete im April 2019, dass mehr als ein Drittel aller Arbeitnehmer (nämlich rund 37 Prozent) vorzeitig aus dem Beruf ausscheiden, weil bei ihnen eine psychische Krankheit wie Depression oder Angststörung diagnostiziert worden sei. Zehn Jahre zuvor waren es mit 26,6 Prozent noch deutlich weniger.

Entsprechend groß ist inzwischen das therapeutische Angebot, obwohl es bei weitem nicht reicht, wie ich selber feststellen konnte. Erst einmal klingt es gut, wenn man die Zahlen sieht: In Deutschland bieten insgesamt rund 30 000 Psychotherapeuten und Fachärzte ihre Dienste an. Aber man muss das in Relation sehen. In nur einem Quartal nehmen sage und schreibe 1,1 Millionen gesetzlich versicherte Patienten nach den Unterlagen der DGPPN psychotherapeutische Leistungen bei niedergelassenen Psychotherapeuten in Anspruch!

Festzustellen ist also: Ja, es gibt bei uns im Land viele therapeutische Angebote, aber sie reichen bei weitem nicht aus. Wer jemals einen Therapieplatz gesucht hat, kennt das Warten und das Hin-und-her-Gerenne. Heute muss man immer noch bis zu sechs Wochen auf einen Ersttermin bei einem Psychotherapeuten warten. Diese so genannte Sprechstunde – eine Art ambulante Notaufnahme für psychisch Kranke – gibt es seit der Reform des Psychotherapie-Gesetzes aus dem Jahr 2017. Das ist aber nur ein erstes Gespräch, in dem sich der Therapeut ein Bild vom Patienten macht und ihm rät, welche Art der Behandlung für ihn sinnvoll ist. Eine Therapie kann man deshalb aber noch lange nicht beginnen. Bis zu deren Beginn vergehen meist etwa zwanzig Wochen. Dies hat eine Umfrage der DGPPN unter Therapeuten ergeben. Wie valide diese Zahlen sind, vermag ich nicht zu sagen. Ich fürchte aber, dass man vor allem Therapeuten in großen Städten befragt hat. »In kleineren Städten oder gar im ländlichen Raum dauert es meist ein halbes oder ein ganzes Jahr«, bis eine Therapie beginnen könne, meldete der Südwestrundfunk (SWR) 2018 in einem Beitrag.

Mit anderen Worten: Unser Land ist voller psychisch kranker Menschen, die dringend Hilfe brauchen, sie aber nicht immer und vor allem nicht immer schnell genug bekommen. Der Bedarf ist groß, das therapeutische Angebot zu gering.

Die Folgen sind bitter. Jedes Jahr sterben in Deutschland ungefähr 10 000 Menschen durch Suizid, mehr als durch Verkehrsunfälle, Gewalttaten und illegale Drogen. Zum Welt-Suizid-Präventionstag der WHO 2017 erklärte Prof. Ulrich Hegerl, Direktor der Klinik für Psychiatrie des Universitätsklinikums Leipzig, dass 90 Prozent der Menschen, die einen Suizid begehen, psychisch krank sind. Die meisten litten an Depressionen.

So, das war harter Stoff. Aber bitte nicht verzagen. Man kann Hilfe finden. Psychische Krankheiten sind gut behandelbar. Gehen Sie zu Ihrem Arzt. Rufen Sie bei Ihrer Krankenkasse an. Nutzen Sie Selbsthilfegruppen. Und vor allem: Brechen Sie das Schweigen. Reden Sie mit Ihrem Partner, mit Freunden und Kollegen. Sie werden sehen: Das Verständnis ist größer, als Sie gedacht haben. Ich habe diese Erfahrung auch gemacht. Niemand, wirklich niemand, hat mich ausgelacht, abgeschrieben oder sonst irgendwie mies reagiert. Was auch daran liegt, dass offenbar fast jeder eine/n kennt, der oder die auch Probleme hat, wenn er oder sie nicht gar selber betroffen ist.

2. DER UNSICHTBARE FEIND   21

3.
WENN DIE DÄMONEN KOMMEN

Wie es sich anfühlt, psychisch krank zu sein
Ein Blick in meinen Kopf

Man lebt in einer anderen Welt, wenn man psychisch krank ist. In dieser Welt gibt es dich und die anderen. Den anderen geht es gut. Dir geht es scheiße. Und dauernd sagt einer von den anderen: »Reiß dich zusammen.« Oder: »Das wird schon wieder.« Aber es wird nicht. Nicht von selbst. Nicht ohne Kampf. Nicht ohne Leid. Lass es dir hier gleich gesagt sein, wenn du einer von uns bist: Es gibt immer einen Weg hinaus. Aber er ist steil, mühsam, und du musst ihn erst finden. Solange du ihn nicht findest, musst du kämpfen. Du darfst nicht aufgeben. Niemals. Ich weiß, wovon ich rede. Ich war ganz unten und dachte, dass alles vorbei sei. Aber es ging weiter. Und es wird auch für dich weitergehen. Man kann dir helfen. Es wird wieder gut! Glaub mir. Aber vorher ist es hart.

Meist beginnt es schleichend. Außer bei Panikattacken. Die sind wie ein übersinnliches Überfallkommando und kommen sehr gern nachts, wenn du noch wehrloser bist. Du schreckst hoch. Atemnot. Herzrasen. Hitzewallungen. Schweißausbrüche. Ein allumfassendes Beklemmungsgefühl. Alle Systeme auf Rot. Panik. Ein Überfall. Und du bist ein wehrloses Opfer. Wie eine Maus in den Krallen einer Katze. Es gibt nur noch die Panik. Meist dauern diese Anfälle ein paar Minuten, manchmal aber auch bis zu einer halben Stunde.

Ängste, Zwänge und Depressionen lassen sich dagegen gern Zeit. Sie bauen sich langsam auf und erhöhen ihre toxische Dosis Woche für Woche. Sie haben einen Plan. Sie wollen dich besitzen. Sie sind wie Viren, und du bist ihr Wirt. Sie sind wie Dämonen, und sie hocken immer da, wo du auch bist. Aber nur du siehst sie; die anderen nicht. Und wenn du auf sie zeigst und sagst:»Da, schaut doch, da sind sie wieder!«, dann antworten die anderen:»Aber da ist doch nichts.«

Wenn du psychisch krank bist, dann bist du vor allem allein. Und kämpfst. Und der Gegner bist du selbst, denn die Krankheit ist ein Teil deines Ichs. Du willst diesen Teil aus dir rausreißen. Diesen Dämon, der die Freude in dir abdeckt. Der dafür sorgt, dass die Welt mitten im Sommer grau wird. Aber du kannst ihn nicht greifen. Du bist traurig. Du hast Angst. Irgendwann hast du sogar Angst vor der Angst. Du bist verzweifelt. Du bist wütend. Und so hilflos. Du weinst heimlich wie ein kleines Kind. Aber niemand nimmt dich auf den Arm. Denn du bist ja erwachsen.

Verdammte Scheiße!

Die Kollegen merkten nichts

Bei mir war die Welt nicht grau. Meine Welt stand voller greller Warnschilder. Sie war voller Gefahren! Viren. Bakterien. Radioaktivität, überall Krebsauslöser. Wie konnten all die anderen nur so sorglos sein? Erst war die Angst nur manchmal da. Sie kroch heran, zog sich an mir hoch, drang in mich ein. Immer häufiger. Irgendwann war sie dann immer da. Allgegenwärtig. Sie herrschte in meinem Kopf, überstrahlte nach und nach alles. Und dann erschien auch noch die dunkle Schwester der Angst – die Depression. Ein schwerer, schwarzer Schleier, den ein schweigender Dämon jeden Tag aufs Neue über meine Seele zog. Ich schlief nicht mehr richtig. Lag morgens um vier wach und hörte das Zwitschern der Vögel. Der Tag brach an. Für mich begann ein neuer Kampf. Die Angst hatte kein Gesicht. Sie war einfach da. Und jeden Tag gebar sie ein böses, unsichtbares Kind. Wann es anfing? Ich weiß es nicht. Ich habe mir immer schon viele Sorgen gemacht. Schon als kleiner Junge. Meine Eltern waren sehr ängstlich. Ich glaube, dass ich die Angst gelernt habe. Ich war im Grunde ein fröhlicher, aber auch ein eher unsicherer Mensch, verbarg das aber gut. Freunde und Kollegen kennen mich als stets kalauernden Kerl. Das war und ist der eine Teil von mir. Der hat mich überleben lassen. Den anderen verbarg ich, wenn er in mir wütete. Das konnte ich gut. Mich verstellen. Nur meine Frau Gesa und ein paar enge Freunde wussten, was in mir vorging. Sie waren Zeugen, wie die Angst mich nach und nach holte und nicht mehr losließ.

Wenn ich nach vielen schlaflosen Nächten dann mal eine Beruhigungstablette nahm, bekam ich einen kurzen Blick in ein Leben ohne die Angst. Es war, als ob einer in meinem verdunkelten Kopf kurz mal das Licht angeknipst hätte. Es fühlte sich so schön an, normal zu sein. Dann dachte ich: »Ach, das ist ja alles gar nicht so schlimm. Was bist du nur für ein Idiot?« Ich machte Pläne, war euphorisch. Bis die Wirkung der Tablette abnahm und der Absturz in den vertrauten Abgrund umso brutaler war. Und dort hockte ich dann wieder. Ein Bild des Jammers. Aber ich musste weitermachen. Wenn schon nicht für mich, dann für meine Frau und unsere beiden Jungs. Ich gab mir größte Mühe, die beiden nichts merken zu lassen. Sie sollten die Angst nicht lernen – so wie ich. Ich versuchte weiter, ein guter Vater zu sein, und es gelang mir auch. Und so ging ich jeden Tag zur Arbeit und gab den lustigen Kollegen. Die Kolleginnen und Kollegen merkten nichts. Ich machte einen guten Job. Funktionierte. Aber wenn ich in einer Konferenz saß, Geschichten präsentierte oder mich an Diskussionen beteiligte, dann lief ganz hinten in meinem Kopf oft parallel ein ganz anderer Film ab. Ein Horrorfilm. Während ich sprach, sah ich mich im gleichen Moment krank und siechend daliegen. AIDS. Krebs. Infektionen. Ich spürte Dinge in meinem Körper, die nicht sein durften. Ein Ziehen, ein Stechen. Da – dieser Druck im Bauch. Das muss etwas Schlimmes sein. War da nicht ein Flimmern im Auge? Hatte ich Sehstörungen? Bestimmt Multiple Sklerose. Oder was Infektiöses. Was hatte ich mir da eingefangen? Ich musste besser aufpassen, mich schützen. Noch öfter Hände waschen. Desinfizieren. Zum Arzt gehen. Tests machen lassen. Das tat ich oft. Sehr oft. Zu oft. Mein Arzt verdrehte schon die Augen. Irgendwann konnte ich fast nichts mehr außerhalb meines Hauses anfassen, ohne mir sofort die Hände zu waschen oder sie heimlich mit einem Desinfektionstuch abzuwischen. In einem Restaurant einen Salat zu essen kam einer Tortur gleich. Hatte sich der Koch auch die Hände gewaschen? Und das Rote da – war das nicht Blut? Hatte sich der Koch geschnitten? Vielleicht hatte der AIDS? »Warum isst du nicht?«, fragte Gesa dann. Ich antwortete nicht. »Es ist das rote Dressing«, sagte Gesa. »Nur das Dressing.« Sie sah mich an. Eindringlich. »So geht das nicht weiter, Kester.« Ich aß den Salat, dann die Hauptspeise, trank ein Bier – und schlief später die halbe Nacht nicht. »Und wenn es doch Blut gewesen ist?«, fragte die Angst. »Infiziertes Blut? Du hattest doch am Morgen Zahnfleischbluten! Eine Eintrittspforte für das Virus.«

Beim Zahnarzt starrte ich die Instrumente an. Waren die auch wirklich steril? Hatte der Bohrer da vorn an der Spitze nicht diesen kleinen Fleck? Getrocknetes Blut? Wer saß mit mir im Wartezimmer? Wer war vor mir dran? Wer sah krank aus? Mager? Wer hatte Flecken im Gesicht, wie es AIDS-Kranke im späten Stadium ihrer Krankheit haben?

Pilze, Trüffel oder Wild aß ich nicht, seit ich gelesen hatte, dass das alles Jahrzehnte nach Tschernobyl immer noch radioaktiv belastet war. Ich hatte panische Angst vor Krebs. Ich kontrollierte meinen Körper, tastete ihn ab, scannte ihn sorgfältig auf der Suche nach Knoten, entarteten Leberflecken oder anderen Zeichen für das Böse, das ich so fürchtete. Ich starrte auf meine Körperausscheidungen, immer in Angst, Blut darin zu entdecken.

Die Angst war stärker

Ich wusste, dass es verrückt war. Der gesunde, rationale Teil in meinem Kopf zumindest wusste es. »Du spinnst«, sagte ich dann zu mir. »Du übertreibst. Niemand verhält sich so. Die anderen leben einfach, statt sich ständig zu sorgen.« Aber die Angst war stärker. Oft hielt sie sich im Hintergrund und lauerte geduldig. Als ob sie mir etwas Zeit zum Luftholen lassen, mich in trügerischer Sicherheit wiegen wollte. Dann dachte ich manchmal, ich hätte es geschafft. Und dann schlug sie wieder zu. Es reichte, wenn jemand ein Pflaster am Finger hatte und mir mit der Hand ein Stück Brot reichte. Dann begannen sie –

die Gedankenketten. Pflaster, Blut, Wunde, AIDS. Das Brot – es darf nicht in meinen Mund! Es war verrückt. Ich war verrückt. Das Brot aß ich trotzdem nicht, schmiss es lieber in einem unbeobachteten Moment weg und holte mir ein neues. Besser so, als Angst zu haben. Ich tat vieles, um keine Angst zu haben. Und noch mehr vermied ich, um keine zu haben. Irgendwann hatte ich dann Angst vor der Angst!

Und meine Welt wurde kleiner.

Ich mied öffentliche Toiletten. Ich aß immer die gleichen Dinge. Wenn ich mit Gesa bei Freunden zum Grillen eingeladen war und mir einer meiner Kumpels eine Wurst auf meinen Teller legte, begann ich sie sofort zu untersuchen. War sie etwas schwarz auf einer Seite, aß ich sie nicht. Ich wusste: Verbranntes Fleisch kann Krebs verursachen. Soll man nicht essen.

»Das ist nicht schwarz, Kester«, flüsterte mir Gesa dann zu. »Nur ein bisschen dunkel. Du übertreibst.« Sie verdrehte die Augen. Ich kratzte dann die vermeintlich schwarzen Stellen verstohlen weg und würgte die Wurst hinunter.

Ich fasste keine Haltegriffe in öffentlichen Verkehrsmitteln an. Keimverseucht. Eis in einer Waffel essen? Unmöglich für mich. Die Person am Eisstand nahm ja Geld entgegen, wühlte in der Kasse herum und gab Münzen zurück. Und mit diesen Händen nahm sie auch die Eiswaffel in die Hand und füllte dann die Kugeln ein. Die Waffel war also mit Keimen kontaminiert. Beim Bäcker war es genauso. Wie konnte man mit Geld hantieren und dann mit der gleichen Hand Brötchen in eine Tüte stopfen? Ekelhaft. Aber natürlich sagte ich nichts, sondern schmiss die Tüte mitsamt den Brötchen lieber später weg. Es gab ja diesen einen Bäcker, wo die Angestellten die Ware mit einer Zange anfassten. Nur da kaufte ich Brötchen. Ich mochte es auch nicht, in Whirlpools zu hocken. Ein Arzt aus meinem

Freundeskreis hatte mal gesagt: »Da kann man sich interessante Keime einfangen.« Für mich der absolute Horror. Die Vorstellung, dass etwas Krankes aus den Körpern der anderen ins Wasser und dann in mich eindringen könnte, machte mir Angst. Das blubbernde Wasser in Whirlpools wirkte auf mich seitdem wie eine primitive Brutkammer für biologische Kampfstoffe.

Arztbesuche waren – wenn das Ergebnis gut war – entlastend. Aber vorher machte ich mich schier wahnsinnig. Was, wenn er was finden würde? Was, wenn etwas unklar blieb? Das war die Hölle für mich. Die Angst schaukelte sich immer weiter hoch. Ein ständiges Surren im Körper, im Nacken, im Kopf. Herzklopfen. Ich konnte nicht mehr schlafen. Die Gedanken rasten. Ich weinte. »Halt Abstand«, sagten die Therapeuten. »Du kennst das doch. Es ist ein Gefühl. Du musst mit ihm umgehen. Es von außen betrachten.« Ich versuchte es ja. Aber das Gefühl – es dachte mich. Die Angst dachte mich. Sie überlagerte alles.

Am schlimmsten waren Vorsorgetermine. Millionen Männer machen das. Keiner freut sich drauf, aber so wie ich reagierten nur Menschen, die nicht alle Latten am Zaun haben. Das sagte ich mir. Mit diesen Worten. Ich versuchte es mit Humor. Aber ich konnte nicht mal lächeln. »Du kennst das doch!«, schrie ich mich gedanklich an. »Die Angst war vorher immer so fies, und meist war doch alles okay. Und wenn was war, war es harmlos.« Aber die Angst hockte auf mir und flüsterte mir ins Ohr: »Was, wenn er etwas findet? Was, wenn da irgendwas ist? Etwas Böses? Etwas Gefährliches?«

Die Gedanken kreisten, schaukelten sich hoch. Zu düsteren Türmen. Zu Katastrophengebäuden. Ich hörte den Arzt sprechen: »Das, was ich hier sehe, gefällt mir nicht. Wir müssen weitere Untersuchungen machen.« Das wäre das Ende. Die Ungewissheit, die dann käme. Das Warten auf Testergebnisse. Das gedankliche Kreisen um Tod, Siechtum, Krankheit, Impotenz, Inkontinenz. Allein das würde mich umbringen.

Ich steigerte mich immer weiter hinein in den Katastrophenfilm. Und saß ganz allein im großen, dunklen Kino. Der Film lief ununterbrochen. Was wird nach dem Arztbesuch sein? Horror? Angst? Verzweiflung? Oder Entlastung, wie schon so oft? Ich hoffte es so. Ich betete dafür. Mach, dass es aufhört. Mach, dass es gut wird.

Meine Frau schüttelte nur den Kopf. »Es ist ein Vorsorgetermin«, sagte sie. »Nur ein ganz normaler Vorsorgetermin. Ich mache das auch jedes Jahr. Geh bitte davon aus, dass nichts sein wird. Und wenn doch, kannst du dich dann damit auseinandersetzen. Und auch dann wirst du es sehr, sehr wahrscheinlich überleben. Und außerdem hast du keine großen Beschwerden. Und die, die du hast, hast du nur, weil du überempfindlich bist.«

»Ja«, sagte ich und fing an zu zittern.

Sie nahm mich in den Arm. »Was bist du nur für ein Spinner.«

Ich fing an zu weinen.

»Ich hasse mich«, sagte ich.

»Hasse lieber das, was dir so Angst macht. Deine kranken Gedanken. Deine sonderbaren Bewertungen. Deine Gefühle.«

Die Nächte waren am schlimmsten

Ja, ich hasste das alles. Aber es war ein Teil von mir. Und zu dieser Zeit war es der dominierende Teil in mir. Ich wusste, dass es nicht so sein soll. Ich wusste, dass mir jegliche Objektivität fehlte, jede realistische Einschätzung des Risikos. Um was ging es? Was konnte passieren? KREBS, schrie es in mir. Ich kannte Leute, die Prostata- oder Blasenkrebs hatten. Es war nicht schön. Die Therapie war unangenehm, aber sie haben es geschafft. Sie lebten. Einen hatte ich vor ein paar Wochen auf einer Feier getroffen. Er schien entspannt.

Warum halfen mir diese Gedanken nicht?

Die Nächte waren am schlimmsten. Ich konnte nicht schlafen, döste weg, schreckte wieder hoch. Ein ständiges Surren in meinem Kopf. Angst. Druck. Hilflosigkeit. Ab vier Uhr morgens ging gar nichts mehr. Ich war hellwach. Ich weinte. Klagte. Ich war in einer Art Kleinkindmodus. Nichts ging mehr. Irgendwann stand ich auf, duschte und frühstückte. Wie ein Roboter. Das Licht half. Die Panik wich dem schwarzen Schleier der Depression. Die Angst wurde zu einem leisen Summen.

Ich erinnerte mich an eines der Gespräche mit meinem Therapeuten. »Loslassen hilft gegen die Angst«, sagte er. »Sie ist da. Und Sie können sie nicht zwingen wegzugehen. Aber Sie können anders mit ihr umgehen. Nicht kämpfen. Registrieren, dass sie da ist. Und Sie können ihr sagen: Ach, da bist du ja wieder. Nicht schön, dass du da bist. Aber so ist es nun mal.«

Ich höre seine Worte. Aber wie soll ich die zu einem Kampfhund sagen, der vor mir sitzt und knurrt?

»Hunde, die bellen, beißen nicht«, sagte mein Therapeut, als ich dieses Bild einmal bemühte. »Ich mag den Spruch nicht besonders, aber hier macht er Sinn. Die Angst ist nur ein Scheißköter, der Sie anbellt. Drehen Sie sich um und gehen Sie einfach weg.«

Ja. Ich wollte weg. Weg von der Angst. Manchmal dachte ich, dass ich lieber tot wäre, als ständig Angst zu haben …

Ich hörte eine andere Stimme in meinem Kopf. Meine Stimme. Und sie sagte: »Alter, du hast übermorgen keinen Eingriff am offenen Hirn mit einer Fünfzig-zu-fünfzig-Chance auf

Tod, Behinderung oder Heilung. Du hast nur einen verkackten Vorsorgetermin. Jetzt bleib mal auf dem Teppich. Es ist deine Störung, die durch diesen Termin wieder angetriggert wurde. Das weißt du doch, du Penner.«

Er war noch da, der andere Kester. Der, der wieder der Alte war. »Bleib bei mir«, dachte ich.

Ich erinnerte mich an andere Sätze meines Therapeuten: »Wenn Sie wieder mal drauf sind und befürchten, an irgendeinem Körperteil krank zu sein – dann stellen Sie das fest, und dann fragen Sie sich: Was ist ansonsten da? Was ist gut in meinem Leben? Und dann zählen Sie das bitte auf.«

Und ich zählte auf: Meine Frau, unsere Jungs. Meine Freunde. Der Job. Unser Haus. Mein Gartenteich. Dass ich wieder ein Buch schreibe. Die Urlaube mit Gesa. Enkelkinder, die ich noch erleben will ...

Es half, das Gute aufzuzählen. Es machte die Angst nicht weg, aber ein Stück kleiner.

All das war gut. All das wollte ich weiter erleben. All das würde ich weiter erleben. Ich atmete durch. Ich gehe jetzt zu diesem beschissenen Vorsorgetermin, sagte ich mir irgendwann. Weil es sinnvoll ist. Weil es verantwortungsvoll ist. Ich sage, was mich beschäftigt, aber ich werde nicht zu viel reden und nicht jedes Zipperlein aufzählen. Ich bin jetzt tapfer.

Dann kam der Arzttermin ...

Alles war gut. Es lief so, wie ich es mir inständig gewünscht hatte. Ich war so unfassbar erleichtert! Eine gigantische Last aus Angst war von mir abgefallen. Gott sei Dank! Im wahrsten Sinne des Wortes. Ja, ich hatte gebetet in meiner Verzweiflung. Und ich war dankbar. Manchen Dingen kann man nicht entfliehen – da muss man durch. Und ich bin da durch. Aber es war hart. Ich wette, dass das kaum ein Leser nachvollziehen kann. Es war doch nur eine Vorsorgeuntersuchung, werden Sie jetzt vielleicht denken. Ja, aber für einen Krankheitsphobiker wie mich war es ein Weg durch die Angsthölle.

Tja, und einen Tag später begann ich schon wieder zu zweifeln: Hatte ich den Arzt auch alles gefragt und ihm alles gesagt? Hatte ich mich klar ausgedrückt? Was hatte er genau gemeint? Ich war noch nicht durch mit dem Thema. Ich beschloss, den Arzt noch mal aufzusuchen und Restzweifel auszuräumen. Zum Glück kontaktierte ich vorher meinen Therapeuten. Er hatte Zeit, wir redeten, und er sagte: »Sie sollten auf keinen Fall da noch mal hingehen. Und das wissen Sie auch. Der Zweifel ist der Treibstoff Ihrer Störung. Sie haben schon so viel geschafft, geben Sie jetzt nicht nach. Denn es wird Ihnen danach wieder etwas einfallen, das Sie zweifeln lässt. Sie sind untersucht worden. Der Arzt hat nichts Bedrohliches gefunden und nichts gefunden, das Anlass zu weiteren Maßnahmen böte. Das zählt. Das reicht. Sie haben gemacht, was empfohlen wird. Mehr muss nicht sein. Halten Sie das Zweifeln aus. Wenden Sie sich Ihrem Leben zu und leben Sie.«

Ich bin seinem Rat gefolgt, und das war gut so. Der Druck ließ nach einigen Tagen nach. Ich beruhigte mich wieder. Die Panik wich einem dumpfen Angstflimmern, und das Flimmern wurde nach und nach zu kleinen Feuern, die aufloderten und wieder verlöschten. Bis zum nächsten Angstanfall. Er kam verlässlich wie die Morgensonne. Die Angst findet immer etwas, woran sie sich festhaken kann.

Die lähmende, alles verzehrende Traurigkeit

Es war verdammt anstrengend, das alles irgendwie vor den meisten Menschen zu verbergen. Ich wollte ja der lustige, nette und erfolgreiche Kester sein und nicht der Psycho mit den totalen Macken. Ich lebte zwei Leben parallel – ein öffentliches, scheinbar normales und eines, in dem ich meinen Zwängen und Ängsten nachgab. Heimlich, kopfschüttelnd, von mir selbst angewidert. Aber ich konnte nicht anders. Alles war besser, als die Angst auszuhalten. Erst später in der Therapie habe ich gelernt, dass es aber genau darum geht: die Angst und die mit ihr verbundenen Gefühle auszuhalten, sie nicht gewinnen zu lassen. Nicht gegen sie zu kämpfen.

Menschen, die von einer schweren Depression befallen sind, können meist nicht mal mehr kämpfen. Ich habe während meines Aufenthalts in der psychosomatischen Klinik einige von ihnen kennengelernt. Depressive fühlen sich oft innerlich leer, sind antriebslos, unfähig sich zu irgendetwas aufzuraffen, sich zu freuen. Sie empfinden sich als bloße Hülle. Emotional entkernt. »Wer unglücklich ist und, im Extremfall, depressiv«, schreibt der Soziologe Hartmut Rosa in seinem Buch *Resonanz*, »dem erscheint die Welt kahl, leer, feindlich und farblos, und zugleich erfährt er das eigene Selbst als kalt, tot, starr und taub. Die Resonanzachsen zwischen Selbst und Welt bleiben stumm.« Bei Gesunden, so Rosa, gibt es einen »vibrierenden Draht« zwischen dem Ich und der Welt. Bei Depressiven ist dieser Draht stumm. Eine unsichtbare Macht hat sie wie ein Vampir ausgesaugt, ihnen die Lebensfreude genommen. Und sie wissen oft nicht, warum das so ist. Es ist einfach so. Ein rätselhaftes Martyrium. Das ist für viele das Schlimmste. Dieses ewige *Warum*?

Viele Erkrankte denken an den Tod. Nicht wenige wählen diesen Ausweg. Der von Depressionen geheilte Engländer Matt Haig formuliert das in seinem großartigen Buch *Ziemlich gute Gründe, am Leben zu bleiben* so: »Ich wollte tot sein. Nein, das stimmt nicht ganz. Ich wollte nicht tot sein, ich wollte nur nicht am Leben sein.« Depressive wollen das Leben ohne Leben in sich einfach nicht mehr ertragen. Dabei kann man ihnen helfen. Sie glauben es in ihrem Leid bloß nicht. Weil dieses Leid so total, so zerstörerisch und schwer ist. Schwer wie ein unsichtbares Kraftfeld, das sie niederdrückt und bewegungsunfähig macht. Aber – das muss man den Erkrankten immer wieder sagen: Depressionen sind heilbar, zumindest sind sie so zu lindern, dass man mit den verbleibenden depressiven Episoden trotzdem ganz gut leben kann.

Oft folgt eine Depression auf krankhafte Angst. Angst sorgt für Alarm im Körper. Ein evolutionäres Programm läuft ab. Ein Tiger lauert vor der Höhle. Adrenalin wird ausgestoßen. Das vegetative Nervensystem fährt hoch. Alles bereit zur Gegenwehr. Bei Panikattacken ist das besonders ausgeprägt. Bloß dieser Tiger – ist meistens gar nicht da. Der ist bei Angsterkrankten nur im Kopf da. Aber er kommt immer wieder. Und irgendwann kann man dann nicht mehr gegen diesen imaginären Tiger kämpfen, nicht mehr in dauerndem Alarmzustand sein. Es ist so verdammt anstrengend, immer Angst zu haben. Irgendwann befällt einen dann eine lähmende, alles verzehrende Traurigkeit – die Depression setzt sich dann wie ein schwerer, dunkler Nebel im Kopf der Kranken fest.

Das Angebot, das die Psyche an Horror auf Lager hat, ist vielfältig. Menschen mit sozialen Phobien sehen sich beispielsweise immer in einem peinlichen Film, in dem sie der Hauptdarsteller sind. Der Loser. Das Faktotum. Der Depp, über den alle lachen, den alle blöd finden. Sie fühlen sich von anderen bewertet, kritisiert und beobachtet. Und haben große Angst davor. Sie halten es nicht aus, sich so bewertet zu fühlen. Und deshalb ziehen sie sich zurück und meiden den Kontakt mit anderen. Dass sie sich das Ganze hauptsächlich einbilden, können sie einfach nicht glauben.

Ähnlich ist es bei Menschen mit einer Generalisierten Angststörung. Nur dass die Befürchtungen oft weniger konkret, dafür aber vielfältiger sind. Diese Patienten sind eine einzige Sorge auf zwei Beinen, gequält von einem dauerhaften Angstglimmen, einem ständigen Gefühl der Bedrohung, des Nicht-entspannen-Könnens, weil da eine amorphe Gefahr lauert. Irgendwo da draußen. Sie können Gefahren einfach nicht realistisch einschätzen und akzeptieren nicht, dass es zum Leben gehört, dass leider ab und an auch mal etwas passieren kann. Damit muss jeder Mensch fertigwerden.

Patienten mit Zwangsstörungen versuchen, Angst und negative Gedanken und Impulse mit gefahrvollen Inhalten durch Rituale wie Wasch- und Kontrollzwänge zu neutralisieren. Das Ganze ist ein perfides System: Wenn ich dieses oder jenes mache, sagen sich die Kranken, dann habe ich keine Angst. Dann geht es mir besser. Also geben sie ihren zwanghaften Impulsen nach. Aber der Preis ist hoch. Denn man muss die Dosis ständig erhöhen. Bis man zum Zwangs-Junkie wird.

Andere Zwängler verlagern die Angst vor allem in ihren Körper. Oder in den ihrer Lieben. Das war mein Problem. Die Angst wurde zu meinem ständigen Begleiter, hockte wie ein hässlicher Zwerg auf meiner Schulter und flüsterte mir böse Dinge zu. Es war vor allem ein Gefühl. Und um dieses negative Gefühl nicht zu haben, entwickelte ich Zwangshandlungen, rannte dauernd zu Ärzten, kontrollierte und untersuchte meinen Körper bis hin zu absurden Abtastorgien, die ich erst beendete, wenn keine Angstgefühle mehr da waren. Und ich lernte zu vermeiden. Ich fasste bestimmte Stellen meines Körpers nicht mehr an, aus Angst irgendetwas zu spüren, das mir Angst machen könnte. Ich sah mir meine Körperausscheidungen nicht mehr an, aus Angst, Blut darin zu entdecken. Ich benutzte keine weißen Handtücher, aus Angst, dass irgendwelche Flecken darauf irgendwie aus meinem Körper gekommen sein und auf Krankheiten hinweisen könnten. Ich war ein Mann der bizarren Rituale geworden. Rituale, die mich kurzzeitig beruhigten, aber letztendlich die Krankheit immer mehr unterstützten und verfestigten. Ich lernte sozusagen die Krankheit zu bedienen. Sie raunte: Tu dies. Unterlass das. Und ich gehorchte. Ich war auf dem Weg, ihr Sklave zu werden.

Und dann fing ich auch noch an, meine Angst auf meine Kinder und meine Frau auszudehnen. Jeder Schnupfen der Kinder wurde zur potenziellen Lungenentzündung. Jedes Bauchweh meiner Frau zu einem Zeichen für Darmkrebs. Ich war immer in Sorge um meine Lieben, sah überall Unheil und Leid, checkte zum Beispiel penibel das Ablaufdatum von Lebensmitteln, aus Angst, jemand könnte sich vergiften. Oder ich desinfizierte das Badezimmer, wenn Besuch da gewesen war. Zum Glück unterband Gesa diese Verrücktheiten. Sie war wie eine Brandmauer und sorgte für einen realistischen Blick auf die Gefahren um uns herum. Ohne sie wäre ich zur Monster-Glucke geworden. Meine Welt war vollkommen aus den Fugen geraten. Der einzige Ausweg war professionelle Hilfe.

Rückfall am Flughafen

Heute, nach einigen Therapien, komme ich mit vielen Dingen besser klar. Ich kenne die Mechanismen meiner Krankheit, weiß, wie sich die Angst hochschaukeln kann und wie ich versuchen muss, diese Eskalation zu verhindern. Oft klappt das. Die Täler, die ich durchwandere, sind längst nicht mehr so tief wie früher. Aber sie sind nach wie vor da. Die Angst, dieses irrationale, verborgene Tier, lauert immer im Hintergrund – bereit, jederzeit zuzuschlagen. Wie aus dem Nichts. Es erwischt einen leider oft dann, wenn man es am wenigsten erwartet und keine Schutzmauer errichtet wurde. Wie vor ein paar Monaten am Flughafen in München. Ich war mit meiner Kollegin Ulrike unterwegs. Wir hatten dort einen gemeinsamen Interviewtermin mit einer berühmten Geigerin. Beim Abflug in Hamburg ging ich durch den Körperscanner und wurde rausgewunken. Der Bildschirm zeigte eine Markierung im Unterleib. Ich wurde abgetastet, man fand nichts Auffälliges, und ich konnte weitergehen. Nun muss man wissen, dass auch die panische Angst vor Hodenkrebs zu meinen zahllosen Angstszenarien gehörte. Als wir unser Interview beendet hatten, checkten Ulrike und ich in München wieder ein und gingen erneut durch den Körperscanner. Wieder wurde ich angehalten. Der Bildschirm des Scanners zeigte erneut an einer ähnlichen Stelle »unten rum« eine Markierung. Und wie aus dem Nichts schoss der Gedanke durch meinen Kopf, dass der Scanner anschlug, weil er dort einen Tumor entdeckt hatte. Ein irrer Gedanke – ich weiß. Aber sofort stieg die Angst in mir hoch, und ich konnte an nichts anderes mehr denken. Ich drückte mich noch eine ganze Zeit lang in der Nähe des Sicherheitsbereichs herum und beobachtete, ob auch bei anderen Männern der Scanner »Sack-Alarm« gab. Irgendwann sprach mich dann aber ein misstrauisch gewordener Polizist an und fragte, ob es ein Problem gebe. Am liebsten hätte ich gesagt: »Ja, Herr Wachtmeister, ich fürchte der Scanner hat gerade Hodenkrebs bei mir entdeckt.« Stattdessen stammelte ich: »Nein, ich habe nur auf jemanden gewartet« und trollte mich.

Ulrike, die sich schon Sorgen gemacht hatte, wo ich geblieben war, bemerkte meine Unruhe, und da wir gut befreundet sind und sie meine »Spinnereien« kennt, erzählte ich, was mich beschäftigte. Ulrike ist nicht nur eine großartige Journalistin, sondern auch ein empathischer Mensch. Statt mich auszulachen, versuchte sie, mich zu beruhigen, googelte die Frage »Können Körperscanner am Flughafen Krankheiten erkennen?« und zeigte mir, dass es keine derartigen Phänomene gab. Trotzdem brauchte ich noch Stunden, um den Gedanken aus meinem Kopf zu kriegen. Ich habe tatsächlich noch einmal den Bereich der Gates verlassen, um noch mal durch den Scanner zu gehen. Diesmal zeigte er eine Auffälligkeit am rechten Becken, was meinen Geisteszustand nicht verbesserte. Ulrike schlug mir dann sogar vor, dass wir die Hosen wechseln und beide noch mal durch den Scanner gehen sollten, dann würde ich sehen, dass es womöglich am Faltenwurf der Hose, an einer Niete oder was auch immer liegen würde. Aber dieser wirklich nette Vorschlag ging mir dann doch zu weit, und ich lehnte freundlich ab. Wahrscheinlich hätte uns die Polizei auch umgehend festgenommen und uns befragt, warum wir ständig durch die Sicherheitskontrollen gehen. Und das auch noch in verschiedenen Hosen.

Wochen später, als sich das Scanner-Thema für mich wieder erledigt hatte (ich sprach tatsächlich noch mal mit meinem geschätzten Hausarzt darüber), erzählte mir Ulrike, dass sie damals in München am liebsten nur gelacht und mir einen Vogel gezeigt hätte. Aber dann ergänzte sie: »So bescheuert der Gedanke klang, dass der Scanner Krankheiten zeigen könne, so irreal das alles war – ich habe deutlich gemerkt, dass deine Angst sehr real war. Und deshalb bin ich überhaupt auf diesen ganzen Quatsch eingegangen.«

Recht hatte sie. So war es. Die Angst war echt. Die Vernunft hatte sich verabschiedet. Ich war im emotionalen Ausnahmezustand. Es wäre trotzdem besser gewesen, Ulrike hätte mir einfach nur einen Vogel gezeigt und gesagt: »Du spinnst. Das weißt du. Und jetzt trinken wir ein Bier und fliegen dann nach Hamburg.«

Denn nur so geht der Weg raus aus der Angst. Ihr nicht den Raum zu geben, den sie beansprucht, sondern sie zu registrieren und dann einfach »normal« weiterzumachen, statt wie ein Volltrottel im Sicherheitsbereich des Münchener Flughafens herumzuschleichen.

Aber sagen Sie das mal einem, der nur eine Frage im Kopf hat, die mit jeder Minute größer und bedrohlicher wird: Warum hat der Scanner zweimal »unten rum« Alarm geschlagen? *Warum? Das ist nicht gut! Bestimmt ist das ein Zeichen für was Schlimmes!*

Später habe ich übrigens erfahren, dass die Dinger wegen aller möglichen Dinge anschlagen: zerknülltes Taschentuch in der Hose, Faltenwurf (Ulrike hatte recht!) oder einfach mal so, ohne Grund. Wenn ich heute fliege, schaue ich übrigens nicht mehr auf den Bildschirm der Scanner. Mir ist jetzt egal, ob es Sack-Alarm gibt.

3. WENN DIE DÄMONEN KOMMEN   **39**

4.

DAS
THERAPEUTEN-BINGO

Es ist nicht leicht, den richtigen zu finden

Meine Odyssee durch den Psycho-Dschungel

Lange Zeit versuchte ich, mit meinem Problem irgendwie selber fertigzuwerden. Aber irgendwann ging es nicht mehr. Meine Frau war nicht mehr bereit, sich meine ständigen Sorgen anzuhören und mich zu beruhigen, bis der nächste Angstabsturz kam. Ich begann im Internet nach Therapeuten zu suchen. Ohne allerdings zu wissen, welche Fachrichtung nun genau für mich zuständig war. Ich vermutete, dass eine Gesprächstherapie richtig war. Über meine Ängste zu sprechen – das würde sicher helfen. Ich wollte sie wegreden. Aber es blieb erst einmal bei der Absicht. Irgendetwas hinderte mich. Vielleicht, weil so ein Anruf das endgültige Eingeständnis, dass ich wirklich psychisch krank war und mir nicht mehr selber helfen konnte, bedeutet hätte. Ich konnte mich einfach nicht durchringen, den Hörer in die Hand zu nehmen und einen der Therapeuten zu kontaktieren, die in der Nähe praktizierten.

An den Tag vor rund zwanzig Jahren, an dem sich das änderte und ich endgültig den Entschluss fasste, mir professionelle Hilfe zu suchen, erinnere ich mich noch gut. Es war nicht ganz freiwillig. Ein Urologe gab mir den entscheidenden Kick, weil er sauer wurde. Ich ging damals mit Ende dreißig (also viel zu früh) bereits einmal im Jahr zu einer Vorsorgeuntersuchung. Vorher war ich jedes Mal wochenlang ein Nervenbündel, weil ich mir alles Mögliche ausmalte. Und wenn dann alles gut war, war ich mächtig erleichtert, jubelte und beschloss, ein neuer Mensch zu werden. Die Euphorie hielt meist nur eine Woche. Der »Kernbrennstoff« der Hypochondrie und aller Zwangserkrankungen ist der Zweifel. Der Zweifel hält die Angst am Leben. Und ich begann schnell wieder zu zweifeln. Hatte ich auch alles gefragt? Dem Arzt alle Befindlichkeitsstörungen geschildert? Hatte er auch alles abgecheckt? Hatte er nicht komisch geguckt beim Ultraschall? Warum hatte er »so weit ist alles gut« gesagt, warum nur »so weit«? Meist war ich schon nach ein paar Tagen wieder »drauf«. Oft rief ich dann noch mal an oder schrieb eine Mail, um mich rückzuversichern. Manchmal quälte ich mich einen Monat und ging dann noch mal zum gleichen oder zu einem anderen Arzt.

Am oben genannten Tag war das anders. Da schaffte ich noch nicht mal hundert Meter nach dem Verlassen der Praxis. Dann schoss mir irgendein absurder Angstgedanke durch den Kopf, der – da war ich mir sicher – nur verschwinden würde, wenn ich umgehend noch einmal mit dem Arzt redete. Ich kehrte um, ging wieder in die Praxis, erklärte der verdutzten Arzthelferin, dass ich etwas Wichtiges vergessen hätte und bat, noch einmal zum Arzt gelassen zu werden. Man ließ mich etwas warten, aber dann war es so weit. Der Urologe sah mich mit gerunzelter Stirn an, hörte sich meine hysterischen Ausführungen an und wurde ungehalten. Er verstehe nicht, was ich wolle, ich sei eben untersucht worden, und es gebe nicht den geringsten Grund, sich jetzt hier noch einmal zu unterhalten, geschweige denn weitere Untersuchungen vorzunehmen. Ich wurde knallrot, schämte mich auf einmal sehr, sprang auf, entschuldigte mich stammelnd und wollte den Raum verlassen. Aber dann besann sich der Arzt und sagte: »Moment, setzen Sie sich wieder.« Ich tat es und sah zu Boden. Die Stimme des Mediziners wurde jetzt milder. »Hören Sie«, sagte er. »Ich kann Ihnen offenbar nicht helfen. Es geht hier anscheinend nicht um urologische Fragen. Ich fürchte, dass Sie ein psychisches Problem haben. Und ich rate Ihnen dringend, das anzugehen und einen Therapeuten aufzusuchen. Wollen Sie das bitte machen?« Ich straffte mich und sagte: »Ja, Herr Doktor, das werde ich.« Noch am gleichen Tag rief ich in einer Praxis für Psychotherapie an.

Ich sprach auf den Anrufbeantworter. Der Therapeut rief zurück, und wir vereinbarten einen Termin für ein so genanntes Erstgespräch. Das diente damals dem gegenseitigen Kennenlernen, der Klärung der Frage, ob ein behandlungswürdiges Problem vorliegt, und was beide Seiten voneinander erwarten. Heute ist das im Prinzip immer noch so, aber das Erstgespräch wird jetzt im Rahmen der so genannten »psychotherapeutischen Sprechstunde« geführt, die jeder von den Kassen zugelassene Therapeut nach einer Reform aus dem Jahr 2017 anbieten muss. Die Krankenkassen erlauben danach im Schnitt noch vier bis fünf so genannte »probatorische Sitzungen«, also Probesitzungen, ohne dass es gleich zu einer festen Vereinbarung kommt. Die muss dann ohnehin vom Therapeuten bei der Kasse beantragt und von dieser genehmigt werden. Außerdem – und das ist meist das größte Problem – muss der Therapeut überhaupt Zeit für eine Therapie haben. Die durchschnittliche Wartezeit bis zum Beginn einer regulären Therapie beträgt in Deutschland heute immer noch etwa zwanzig Wochen. Auf dem Land kann es schon mal deutlich länger dauern.

Nun hatte ich also einen Termin für ein Erstgespräch. Ich fuhr hin, klingelte an einem Altbau in Hamburg-Eppendorf und betrat eine dunkle Wohnung. Ein bärtiger Mann um die fünfzig führte mich in ein holzgetäfeltes, dunkles Zimmer und bat mich, in einem schweren Ledersessel Platz zu nehmen. Ich fühlte mich sofort unwohl. Dieses Gefühl verging auch nicht, nachdem wir miteinander geredet hatten. Der Mann hatte eigentlich nichts falsch gemacht, aber ich merkte sofort: Mit dem möchte ich meine innersten Probleme nicht besprechen. Ich erzählte ihm trotzdem, was mich grundsätzlich bedrückte, er nickte, notierte sich ab und an etwas, und ich dachte: Dem geht das hier gerade so was von am Arsch vorbei. Wir vereinbarten einen weiteren Termin (ich wollte höflich sein), den ich einen Tag später telefonisch absagte.

Mein nächstes Erstgespräch hatte ich mit einer etwa fünfunddreißigjährigen Therapeutin. Ich fand sie sofort nett, aber die Vorstellung, dieser auch noch attraktiven Dame zu erzählen, dass ich dauernd angstvoll meine Hoden abtastete, erschien mir auf einmal grotesk. Ich schämte mich schon im Voraus, brachte das Gespräch sehr freundlich zu Ende und suchte weiter nach Hamburgs Supertherapeuten – nach dem Therapeuten, der wirklich zu mir passen würde. Den oder die fand ich aber nicht. Entweder war die Wartezeit zu lang, die Chemie zwischen uns stimmte nicht, oder die Praxis war so weit entfernt, dass ich es unmöglich hätte einrichten können, in der Arbeitszeit lange genug abwesend zu sein. Noch war ich ja nicht bereit, meinen Kolleginnen und Kollegen reinen Wein einzuschenken.

Und da saß ich dann nun zu Hause, telefonierte, machte Termine und tat mir leid. Ich wollte ja eine Therapie anfangen, es ging einfach nicht. Aber wollte ich das wirklich? Später wurde mir klar, dass ich zu diesem Zeitpunkt wohl unbewusst Gründe suchte, den Therapeuten oder die Therapeutin für nicht geeignet zu halten. Klar, es muss passen. Wenn man gleich ein schlechtes Gefühl hat, sollte man zu demjenigen nicht gehen. Aber weite Wege oder Wartezeiten hätte ich bei hohem Leidensdruck eigentlich in Kauf nehmen müssen. Der Leidensdruck war ja da, aber es gehört zu meiner Krankheit, dass ich mich nicht entscheiden konnte, zu wem ich gehen und was ich dafür in Kauf nehmen wollte. Ich drehte mich im Kreis, war einer, der eine Therapie wollte und sich dann nicht dazu durchringen konnte, einfach loszulegen.

Mein Zustand verschlechterte sich. Zu den Krankheitsängsten kamen jetzt auch noch zwanghafte Gedanken, die mich über alle Maßen entsetzten. Bei einer Autofahrt mit Gesa und den Kindern schoss mir einmal ganz plötzlich der Gedanke durch den Kopf, dass ich das Auto gleich gegen den nächsten Baum steuern würde, um uns alle umzubringen. Ich saß damals starr vor Entsetzen noch eine Zeit lang am Steuer, fuhr dann aber rechts ran und bat Gesa weiterzufahren, weil ich angeblich müde sei. Das Gegenteil war der Fall. In meinem Kopf schrillte ein hysterischer Alarm. Was war bloß los mit mir? Ich saß dann wie ein Häufchen Elend neben meiner Frau und dachte, dass ich jetzt endgültig wahnsinnig geworden sei. Ich wollte das Liebste und Wichtigste, das ich hatte, offenbar vernichten. Es war entsetzlich. In meinem Kopf tobte eine toxische Mischung aus Angst, Schuld und Fassungslosigkeit.

In den folgenden Wochen kamen immer wieder solche zerstörerischen Visionen. Und ich dachte, dass ich die letzte Drecksau, ein potentieller Psychokiller wäre. Erst später in der Therapie habe ich erfahren, dass solche destruktiven Gedanken, die nie in die Tat umgesetzt werden, absolut typisch für Zwangskranke sind. Das Furchtbarste, das es für einen gibt, schiebt sich sozusagen als Angstvision in den Vordergrund des Denkens und behauptet, real zu sein. Die Krankheit raunt: Schau, was du für ein Schwein bist. Denn das willst du doch: alles zerstören. Bist du nicht das Letzte? Genau wie sie raunt: Schau, es sticht im Unterleib. Das ist sicherlich Krebs.

Es war furchtbar. Ich schlief nicht mehr, konnte mit niemandem reden und widerte mich selber an. Es hätte mich damals wahnsinnig entlastet, wenn mir jemand erklärt hätte, dass das sozusagen nicht wirklich ich, sondern meine Störung war, die diese Dinge dachte. Es dachte mich. Aber das erklärte mir niemand. Ich hatte ja immer noch keinen Therapeuten.

Erst, als ich praktisch gar nicht mehr schlief, zog Gesa die Reißleine und zwang mich, zu unserem damaligen Hausarzt zu gehen. Der hörte sich an, was ich zu sagen hatte und besorgte mir sofort einen Termin bei seiner Frau, die als Gesprächstherapeutin arbeitete. Frau P. war freundlich, empathisch und sagte nach einer halben Stunde: »Sie brauchen einen handfesten Therapeuten. Einen, der Sie wieder ein bisschen einnordet. Und ich weiß auch, wer das ist. Ich rufe ihn nachher an und melde mich dann bei Ihnen.«

Und so kam ich zu Martin.

Mein erster Therapeut

Er war mir sofort sympathisch. Damals nannte ich ihn allerdings noch Dr. Müller – Jahre später bot er mir das Du an. Allerdings erst nach der Therapie bei ihm. Er ist halt ein Profi. Martin ist Internist und Psychotherapeut. Das fand ich natürlich gleich super, Therapeut und Mediziner. Für mich das ideale Doppel, dachte ich. Dass es nicht so war, merkte ich erst lange Zeit später. Aber der Reihe nach: Martin bot tiefenpsychologisch fundierte Gesprächstherapie an. Ich traf ihn das erste Mal an einem warmen Sommernachmittag in seiner Praxis im Souterrain seines Hauses. Ich wartete in einem kleinen Vorraum, irgendwann ging die Tür auf, und ein kleiner, kräftiger Mann mit festem Händedruck bat mich in sein Reich, ein gemütliches, großes Zimmer mit einem mächtigen Schreibtisch und einer Sitzecke nahe der Fenster. Ich setzte mich und wartete. Martin sah mich an, spürte offenbar meine Anspannung und sagte:»So, erst mal durchatmen. Entspannen Sie sich. Wir brechen hier nichts übers Knie. Am besten, Sie geben mir erst mal Ihre Versicherungskarte, dann sind auch die Formalien geklärt. Und dann reden wir.«

Und das taten wir. Martin fragte, ich antwortete. Er war aufmerksam, machte sich Notizen, hakte nach, wollte einiges präziser wissen. So hatte ich mir das vorgestellt. Ich fühlte mich aufgehoben und antwortete ehrlich. Nur bei den sonderbaren Zerstörungsphantasien war ich etwas zögerlich. Aber Martin nahm mir schnell die Befangenheit.»Mir ist nichts Menschliches fremd«, sagte er.»Ich habe viele Jahre in Krankenhäusern gearbeitet und fast ebenso viele als Therapeut. Mich kann nichts mehr umhauen. Immer raus mit der Sprache. Was meinen Sie, was mir alles so im Kopf rumgeht.« Das hat mir damals ungemein geholfen – in einem geschützten Rahmen offen reden zu können.

Schnell waren die fünfzig Minuten um. Wir verabredeten gleich einen weiteren Termin in nicht mal einer Woche. Weitere folgten. Martin wurde schnell zu einer Art Rettungsanker für mich. Ein Halt in wirklich unruhiger See. Er ließ mich reden, bat mich, meine Ängste genau zu beschreiben. Dann ließ er sich sorgfältig meine Biographie erzählen. Ich fasse die hier mal kurz im Stakkato zusammen, damit auch Sie wissen, mit wem Sie es zu tun haben:

Kester Schlenz, 1,70 groß, 55 Kilo, etwas schiefe Zähne. Eher mager, aber zäh. Nicht hübsch, aber auch nicht gleißend hässlich. Notorisch albern, wenn nicht gerade depressiv. 1958 geboren. Vater Soldat. Mutter Hausfrau. Eine ältere Schwester und ein jüngerer Bruder – der Mittlere also. Geboren in Kiel, aufgewachsen in Schleswig. Umzug in eine kleine Stadt am Rande Hamburgs mit sechzehn Jahren. Verheiratet seit 1990 mit Gesa, der tollsten Frau der Welt. Zwei großartige, erwachsene Söhne. Hannes ist kurz vor seinem Master, Henri macht gerade sein Vikariat.

Ausbildung: Erst Mittlere Reife, dann Abitur. Zivildienst. Zu dieser Zeit viel Musik gemacht. Schlagzeuger in verschiedenen Bands. Die erste hieß Sadoboys (wir waren jung und wild und uns über die sexuelle Konnotation dieses Namens nicht so recht klar). Studium der Linguistik, Nebenfächer Literaturwissenschaft und Psychologie. (Ausgerechnet, denken Sie jetzt sicher – aber in diesem Fach habe ich nur die Sprach- und Persönlichkeitsentwicklung behandelt, keine psychischen Krankheiten.) Schon während des Studiums Arbeit als freier Journalist. Nach erfolgreichem Abschluss an der Universität Hamburg (Sie dürfen mich Magister nennen!) dann die erste Anstellung als Redakteur bei der Filmzeitschrift Cinema. *Großartige Zeit: nur Irre in der Redaktion und dauernd im Kino gewesen. Zweimal sogar bei den*

4. DAS THERAPEUTEN-BINGO **47**

Filmfestspielen in Cannes. Einmal dort Jodie Foster getroffen. Hammer!
Dann Wechsel zur Frauenzeitschrift Brigitte. *Dort fünfzehn schöne Jahre verbracht. Die letzten Jahre als Kulturchef. Dann Wechsel zum* Stern *als Ressortleiter Kultur. Den Job habe ich neun harte, aber tolle Jahre gemacht. Beim* Stern *noch heute als fest angestellter Autor tätig. Zwischendurch mehrere Bücher geschrieben. Einige liefen super, andere nicht so. Hobbys: Gartenteich mit Molchen. Habe einige sehr gute Freunde, viele Bekannte. Ansonsten: Brillenträger. Leichter Wampenansatz. Jogge regelmäßig. Ungeduldig. Versuche, ein guter Mensch zu sein. Klappt nicht immer. Mein Motto: Ruhig bleiben, verdammt noch mal!*

Ich habe Martin das Ganze damals etwas ausführlicher und blumiger geschildert, aber im Prinzip war es das. Dann wollte Martin wissen, wann meine krankhaften Befürchtungen das erste Mal auftraten. Ich erzählte ihm, dass ich erste Krankheitsängste schon in der Pubertät hatte. Ich las etwas in der *Bravo* über Beschwerden »unten rum« und bezog es sofort auf mich. Und wenn die Beschwerden vorher nicht da waren, hatte ich sie nach der Lektüre. Erst ein Arztbesuch half mir, die Angst dann jeweils wieder abzubauen. Warum das so war? Schwer zu sagen.

Angst kann man lernen

Ich glaube, dass meine beiden Geschwister und ich die Angst zu Hause regelrecht gelernt haben. Besonders meine Mutter sah überall Gefahren und forderte uns ständig auf, auf uns aufzupassen. Das hat sie noch als Vierundachtzigjährige gemacht. Wenn ich nach einem Besuch ging, sagte sie zu ihrem mittlerweile einundsechzigjährigen Sohn: »Pass schön auf, wenn du über die Straße gehst.«

Als Kinder waren wir damals zwar viel draußen, aber insgesamt eher eine häusliche Familie. Wir fuhren so gut wie nie in den Urlaub, hatten kein Auto und waren sehr auf unser direktes, vertrautes Umfeld beschränkt. Meine Eltern brauchten einen Sicherheitsrahmen und hassten Experimente. Meine Jugend verlief dann allerdings weitgehend ohne größere Probleme. Ich war kein Draufgänger, aber viel unterwegs und definierte mich hauptsächlich über meinen Freundeskreis. 1986, kurz vor meinem Examen an der Universität, kam dann der erste große Einbruch. Es begann direkt nach der Reaktorkatastrophe in Tschernobyl. Ich hatte danach panische Angst vor Verstrahlung und einer daraus womöglich entstehenden Krebserkrankung. Viele Leute machten sich damals Sorgen, ich aber war regelrecht in Panik und benahm mich, als ob über Hamburg eine Atombombe abgeworfen worden wäre.

Trotzdem bestand ich meine Examina. Ich hatte auch nie wirkliche Angst durchzufallen. Ohnehin bin ich mit konkreten Herausforderungen, denen ich mich direkt stellen konnte, immer ganz gut klargekommen. Was mich sorgte und immer noch sorgt, ist Diffuses, Unklares. Die Atom-Angst und die daraus entstehende Depression hielten fast ein Jahr lang an, bis sich nach vielen Gesprächen mit Freunden und Ärzten das Ganze langsam legte. Ich war damals schon mit meiner jetzigen Ehefrau Gesa zusammen, die tapfer zu ihrem spinnerten Gatten hielt.

Das alles erzählte ich Martin, und es war der Beginn meiner Therapie bei ihm, die er dann auch bei der Krankenkasse beantragte. Die positive Antwort kam schnell, und wir sahen uns einige Monate mindestens einmal pro Woche. Ich versäumte

4. DAS THERAPEUTEN-BINGO   49

nicht einen Termin bei ihm, kam nur ein Mal zu spät. Die Gespräche mit ihm hatten absolute Priorität.

Martin war geduldig, interessiert und zugewandt. Die ersten Wochen bearbeiteten wir vor allem meine Biographie. Er wollte wissen, wie das Verhältnis zu meinen Eltern und Geschwistern war und wie ich insgesamt meine Kindheit empfunden hatte. Schnell kamen wir zu einem Punkt, den er sehr wichtig fand: Ich hatte als kleiner Junge Angst vor meinem Vater. Wie meine Geschwister auch. Er hat uns nie verprügelt oder Ähnliches, aber wir spürten oft eine latente Gereiztheit an ihm. Er war – das begriff ich erst viel später – ein Mann, der sozusagen um ein verpasstes Leben trauerte. Meine Eltern hatten sich kennengelernt, als sie sehr jung waren, meine Mutter wurde schwanger, und sie mussten heiraten, obwohl sie noch längst nicht so weit waren. Mein Vater, der damals Theatermaler und Hobbymusiker war, verdiente nicht gut und ging als Berufssoldat zur Bundeswehr, um seine junge Familie ernähren zu können. Der Typ dafür war er aber nun überhaupt nicht, und ich glaube, dass er sein Leben lang unter dieser Entscheidung gelitten hat und so zu dem schwierigen Menschen wurde, der er oft war. Andererseits konnte er sehr gewinnend und lustig sein. Er hatte großen Sprachwitz. Es war ein ständiges Wechselbad mit ihm. Ich wollte seine Anerkennung, ich liebte ihn, und ich fürchtete ihn auch. Martin sah darin einen möglichen Grund für meine Ängste. Wir verbrachten viel Zeit damit, das Verhältnis zu meinem Vater zu analysieren. Und natürlich war auch meine Mutter mit ihren ständigen Ängsten ein Thema. Schnell wurde in unseren Gesprächen klar, dass Angst eines der beherrschenden Gefühle meiner Kindheit war. Angst und Unsicherheit. Meine Mutter, mit der ich mich prinzipiell gut verstand, sah die Welt vor allem als Quell von Gefahren. Und mein Vater litt an der

Welt, die ihn nicht so leben ließ, wie er es gern wollte. Und ihre Reaktion auf diese Weltsicht war Abschottung. Zu Hause fanden sie es am schönsten; man konnte ja fernsehen, um zu erfahren, was da draußen so alles Irres passierte. Selber erleben? Lieber nicht. Ich kann mich nur an zwei Urlaube in meiner gesamten Kindheit erinnern. Und so wurden meine Geschwister und ich zu den sehr vorsichtigen Menschen, die wir heute trotz aller inneren Gegenwehr alle immer noch sind. Zum Glück sorgten die Schule und unsere Freunde für eine Art Gegenprogramm. Jeder von uns ist am Ende seinen Weg gegangen. Wir haben es alle auf unsere Weise ganz gut hinbekommen, aber eine familiäre Hypothek – da bin ich mir sicher – haben wir alle mitbekommen.

Aber taugte das alles als Erklärung für meine massiven psychischen Probleme? Und waren nicht viele Kinder in den Sechziger- und Siebzigerjahren so oder ähnlich aufgewachsen? Viele hatten Schlimmeres erlebt, ich kannte andere Bundeswehrkinder, die zu Hause regelmäßig verprügelt wurden. Die hatten schließlich später auch nicht alle einen an der Marmel. Trotzdem war meine Kindheit das beherrschende Thema in meiner Therapie bei Martin.

Mit meinen Eltern hatte ich über meine psychischen Probleme als Jugendlicher und dann später auch als Erwachsener nie gesprochen. Aber irgendwann fand ich es unfair, sie da völlig rauszuhalten. Gesa, meine Geschwister und viele Freunde wussten Bescheid, nur die beiden dachten, dass alles in Butter wäre. Also fuhr ich eines Sonntags zu ihnen. Vorher hatte ich angekündigt, dass ich ihnen etwas zu sagen hätte. Sie waren damals beide Mitte sechzig und schon ganz aufgeregt, dachten an einen weiteren, späten Enkel oder eine spannende berufliche Veränderung. Stattdessen hörten sie bei Kaffee und Kuchen, dass

4. DAS THERAPEUTEN-BINGO **51**

ihr Sohn Kester psychisch erkrankt und seit Monaten in einer Therapie war und dass womöglich sogar ein stationärer Aufenthalt im Bereich des Möglichen läge. Ihre Reaktion war niederschmetternd. Sie waren vollkommen überfordert und konnten mit meinen Bekenntnissen nicht das Geringste anfangen. Mein Vater schwieg zunächst. Und meine Mutter sagte:»Ach, Kester, du musst nur mal wieder ordentlich essen. Komm doch wieder sonntags regelmäßig mittags vorbei. Ich koch dir auch deine Lieblingsessen. Dann wird das schon wieder.« Es war absurd und irgendwie sogar beinahe komisch. Meine Mutter glaubte, dass mich Putenoberkeule mit Rotkohl von einer schweren psychischen Störung heilen würde. Fast hätte ich gelacht. Ich sagte dann aber auch erst einmal gar nichts. Mein Vater blickte sich nach ein paar Minuten stillen Brütens im Raum um, als ob irgendwo ein Schild mit den richtigen Sätzen für eine derartige Situation hängen würde. Dann sah er an mir vorbei einen imaginären Punkt an und sagte:»So, so, eine Therapie. Bestimmt sind wir dann an allem schuld hinterher.« Meine Mutter nickte.

Über so etwas sprach man nicht

Das haute mich dann doch um. Statt mich zu bedauern und zu trösten, bezogen meine Eltern das Ganze sofort auf sich und hatten ganz offenbar Angst, dass man ihnen Vorwürfe machen würde. Mir kamen die Tränen. »Es geht hier nicht um euch«, presste ich heraus, »mir geht es schlecht. Sogar sehr schlecht.« Erst da schalteten beide um, fingen sich und zeigten Empathie. Aber ich spürte, dass sie dabei fremdelten. Sie kriegten es einfach nicht zusammen, dass ihr Sohn, auf dessen Karriere sie doch so stolz waren, nun ein psychisches Wrack sein sollte. Sie wollten es nicht wahrhaben. Ich nahm es beiden komischerweise schon damals nicht sehr übel. Ich wusste ja, dass ihre Generation mit diesem Thema nicht sehr gut umgehen konnte. Sie sind 1931 und 1934 geboren und haben große Teile ihre Kindheit im Krieg verbracht. Wie Millionen andere haben sie wenig bis gar nicht über ihre Erlebnisse und Traumata gesprochen. Ganz zu schweigen von den noch Älteren, die ihre Fronterfahrungen nur mit sich ausmachten und nie richtig verarbeitet haben. Traute und Gerhard Schlenz hatten einfach keine Worte, um mein Krankheitsgeständnis angemessen kommentieren zu können. Ihnen war dabei unwohl. Über so etwas sprach man nicht. Ironischerweise lagen sie ja mit ihrer Angst, dass es bei der Therapie auch um sie und ihre Fehler gehen würde, gar nicht mal so falsch. Trotzdem ist es mir wichtig hier deutlich zu sagen, dass ich meinen Eltern keine Vorwürfe machen will. Das wäre zu einfach und im Übrigen auch keine Lösung für meine Probleme gewesen.

Mein Vater ist dann zwanzig Jahre später an Krebs gestorben. Meine Geschwister und ich haben uns das, was für Papa getan werden musste, untereinander aufgeteilt. Ich weiß nicht, wie es dazu kam, aber ausgerechnet ich übernahm die Aufgabe, ihn zum Onkologen zu begleiten, als das entscheidende Gespräch über seine Chancen anstand. Er hatte keine.

Obwohl es mir damals, was meine eigene Krankheit betrifft, psychisch wieder viel besser ging, warf mich diese Begegnung mit Krankheit und Ärzten etwas zurück. Ich hatte ein paar schlaflose Nächte und ließ mich später gründlich untersuchen. Zusammen mit meinem Bruder habe ich, als es so weit war, unseren Vater zu Hause abgeholt und in ein Hospiz gebracht. Gerald und ich werden diese Szenen nie vergessen. Mein Vater, immer um Haltung bemüht, stand auf, zog sich seinen Mantel an, drehte sich noch einmal um und warf einen Blick zurück in

4. DAS THERAPEUTEN-BINGO 53

seine Wohnung, die er nie wieder betreten würde. Mein Bruder und ich sehen immer noch vor uns, wie er dann an der Garderobe noch einmal über seine Lieblingsjacke strich und einen Moment verharrte. Wir fragen uns bis heute, was er wohl in diesem Moment fühlte und dachte. Er verließ seine Wohnung, ohne sich noch einmal umzudrehen. Meine Mutter war natürlich auch dabei, aber sie schien sich über die Situation offenbar gar nicht klar zu sein. Es war wohl zu viel für sie. Mein Vater war keine Woche im Hospiz und ist dort friedlich gestorben. Es ist ein Segen, dass es diese Einrichtungen gibt.

Während ich nun an diesem Buch schreibe, ist auch meine Mutter gestorben. Sie war bereits viele Jahre krank, hatte sich aber immer wieder berappelt. Dann, mit 84 Jahren, bekam sie eine Lungenentzündung, von der sie sich nicht wieder erholt hat. Einen Tag zuvor hatte ich sie noch im Krankenhaus besucht. Es war eine gute Begegnung. Das war nicht immer so, Traute Schlenz konnte sehr kratzbürstig sein. Doch dieser letzte Besuch verlief harmonisch. Meine Mutter konnte schwer atmen und hatte große Angst. Ich saß lange an ihrem Bett und hielt ihre Hand. Tatsächlich beruhigte sie sich merklich. Irgendwann sagte sie: »So, nun fahr mal nach Hause, mein Junge. Schön, dass du da warst.«

Es war ein Abschied für immer. Am kommenden Tag musste ich nach Berlin, um dort ein Interview mit einem großartigen Mann zu führen: Tankred Stöbe, ein Mediziner, der seit siebzehn Jahren immer wieder für »Ärzte ohne Grenzen« im Einsatz ist. Als ich nach dem Gespräch mein Handy im Bus zum Hauptbahnhof wieder einschaltete, sah ich, dass das Krankenhaus, in dem meine Mutter lag, mehrmals angerufen hatte. Und schon klingelte das Telefon wieder. Die Stationsärztin war am Apparat und teilte mir mit, dass meine Mutter vor kurzem verstorben war. Ihr Zustand hatte sich in der Nacht rapide verschlechtert. Es war eine bizarre Situation: Ich saß in Berlin in einem Bus und erfuhr vom Tod meiner Mutter. Eben hatte ich noch mit einem Arzt über seine traumatischen Einsätze in Kriegs- und Krisengebieten gesprochen, und jetzt hatte der Tod *hier* zugeschlagen.

Ich beendete das Gespräch, stieg aus und atmete erst einmal tief durch. Was fühlte ich? Unwirklich ist wohl die beste Beschreibung. Ich nahm den nächsten ICE nach Hamburg. Gesa holte mich vom Bahnhof ab, und wir fuhren ins Krankenhaus, wo meine Mutter in ihrem Zimmer aufgebahrt war. Eine Kerze brannte. Auf dem Bett lag Traute Schlenz. Ein kleines Häuflein Mensch. Erst jetzt weinte ich. Hier ruhte die Frau, die mich geboren und großgezogen hatte. Sie hatte nicht immer alles richtig gemacht. Genau wie mein Vater. Aber ich hege keinen Groll; gegen keinen von beiden. Meine Eltern sind eben auch die Kinder ihrer Zeit gewesen. Ja, sie haben Fehler gemacht, aber später werden vielleicht auch meine Söhne mir bestimmte Dinge vorhalten, die ich jetzt noch gar nicht ahne. Mit dem Tod meiner Mutter geht nun ein Kapitel meines Lebens unwiderruflich zu Ende. Ich bin jetzt niemandes Kind mehr. Es gibt vielleicht noch Fragen, aber keine Antworten mehr. Nur noch Erinnerungen. Gute und schlechte.

Liegt es an meiner Kindheit?

So gut es zunächst getan hatte, meine Familiengeschichte mit Martin in der Therapie aufzuarbeiten und mir über vieles klar zu werden, zweifelte ich insgeheim ein bisschen, ob mich diese Aufarbeitung nun wirklich in der Bewältigung meiner Ängste weiterbringen würde. Immer wieder suchten mich denn auch die Krankheitsbefürchtungen heim und quälten mich. Wir kamen nicht weiter. Martin begann einen anderen Teil meiner Biographie in den therapeutischen Sitzungen in den Vordergrund zu rücken: das Thema »Mein Körper und ich«. Ein heikles Thema! Das Ganze fing schon nicht so richtig gut an. Schon als Säugling bin ich fast verhungert. Nicht, weil ich nichts zu essen bekam, sondern weil ich einen so genannten Magenpförtnerkrampf hatte. Da ging nix durch. Heute wird so etwas medikamentös behandelt, damals musste operiert werden. Das passierte auch, alles ging gut, aber statt zu Hause bei meiner Mutter zu sein, lag ich als Säugling wochenlang allein im Krankenhaus. Natürlich habe ich daran keinerlei Erinnerungen, aber ich fürchte, ich habe damals sozusagen einen Teil dessen verloren, was man Urvertrauen nennt. Irgendwann kam ich wieder nach Hause und entwickelte mich normal. Na ja, fast normal. Ein richtiger Kerl bin ich – physisch gesehen – nicht geworden. Ich war fast immer der Kleinste und Zarteste in der Klasse und bin bis heute eher ein Spiddel, wie wir in Norddeutschland sagen, man könnte auch Spargeltarzan sagen. Sie verstehen schon. Ich wollte immer gern größer und muskulöser sein. Aber das war mir nicht vergönnt. Ich litt darunter und kompensierte das Ganze mit Humor und einem großen Maul. Unterkriegen lassen wollte ich mich nie. Ich habe es auch geschafft, so gut wie nie Opfer zu sein und mich irgendwie durchzusetzen. Aber natürlich machte das was mit mir. So richtig gute Freunde sind mein Körper und ich nie geworden. Ich war nie zufrieden mit mir, ruhte nicht in diesem Körper. Vielleicht ist das ein Grund dafür, dass ich ihm bis heute nicht traue und dauernd denke, dass er mich im Stich lässt.

Natürlich bin ich nicht der Einzige mit einem gestörten Körpergefühl in unserer auf Wohlgeformtheit, Stärke, Fitness,

Ebenmäßigkeit und Schönheit fixierten Gesellschaft. Besonders Frauen haben ja oft Probleme angesichts des medialen Schönheitswahns, der um sie herum tobt. Zunehmend sind davon aber auch Männer betroffen. Aber nicht jede/r entwickelt deswegen psychische Störungen. Für mich war das gestörte Körpergefühl, die mangelnde Akzeptanz meiner Physis, früher schon ein sehr großes Thema. Ich war lange im Unfrieden mit mir selbst. Immer war ich derjenige, der bei Rangeleien aufgab. Die anderen waren ja sowieso stärker. Man schmiss mich in der Badeanstalt ins Wasser. Nie schmiss ich jemanden. Ich hatte auch nicht das geringste Bedürfnis, das mit Schwächeren zu machen. Wenn die Fußballmannschaften im Schulsport gewählt wurden, saß zuletzt immer ich mit dem Klassendicken, den Krankgeschriebenen oder Eingegipsten auf der Bank. Das war für mich jedes Mal eine tiefe Demütigung, und ich verstehe bis heute nicht, dass die Sportlehrer, die so etwas geschehen ließen, sich Pädagogen nennen durften.

Erst durch die Gespräche mit Martin ist mir klar geworden, dass das alles aber nicht nur verletzend war und mich quälte, sondern auch nie eingestandene und verdrängte Aggressionen in mir erzeugte. Vielleicht eine Erklärung für den Jähzorn, der mich bis heute manchmal unvermittelt packt, wenn ich mich ärgere. Einmal übermannte mich der auch als Kind. Ich war vielleicht zwölf, und ein Klassenkamerad schubste mich beim Spielen, ohne Grund. Ich fiel und zog mir eine Schürfwunde an der Hand zu. Es tat weh. Und dann schaltete etwas in mir um. Der Opfermodus wich dem Neandertaler. Plötzlich sah ich rot, brüllte vor Wut, sprang auf, packte einen Stock und stürmte auf den Schubser zu. Der erstarrte. Was? Kester wehrt sich? Aber mein Furor, meine Schreie und mein verzerrtes Gesicht und nicht zuletzt der Stock wirkten Wunder. Der Junge drehte sich um und rannte weg. Ich hinterher. Und jetzt ließ ich auch meiner verbalen Kreativität freien Lauf. Ohne nachzudenken, brüllte ich ihm hinterher, was mir gerade in den vor Wut kochenden Kopf kam. »Ich bring dich um! Ich schlag dich tot! Du wirst bluten! Bleib stehen, du Sau!« Ich war von Sinnen. Im Rausch. Er entkam. Ich stoppte meinen Vernichtungsfeldzug und blieb schwer atmend stehen. Ein herrliches Gefühl. So kann es also gehen, wenn man verletzt wird und sich wehrt.

Es blieb eine Ausnahme. Schon wenig später wurde ich bei einer Schneeballschlacht von einem muskulösen Klops eingeseift. Er stopfte mir dabei den Schnee unter den Pullover auf die nackte Haut. Ich könnte ihn noch heute dafür töten. Von all diesen Dingen erzählte ich Martin. Wir reisten während der Therapie sozusagen zusammen in meine Vergangenheit. Diese Reisen sind typisch für eine tiefenpsychologische Therapie. Aus der Vergangenheit lernen. Muster erkennen. Lehren ziehen. Erklärungen finden. Verborgenes enttarnen. All das will der Therapeut, während er zuhört und ab und an seine Patienten behutsam zurück an die längst verlassenen, aber nie vergessenen Orte der eigenen Biographie führt. Orte, an denen selten alles gut war. Um genau die geht es. Oft kommt dabei Verdrängtes hoch. Dinge, die einen nie losgelassen haben, die bis in die Gegenwart wirken. Kein Wunder, dass das Buch *Das Kind in dir muss Heimat finden* der Psychologin Stefanie Stahl so ein Dauerbestseller ist. Der Titel spricht – trotz der kitschig klingenden Zeile – sehr viele Menschen an. Wir alle haben dieses innere Kind in uns, mit dem wir im Zweifel wieder Freundschaft schließen müssen, um heute besser klarzukommen. Nicht jeder muss das, aber ich bin mir sicher, dass fast alle ihre Packung tragen müssen. Ballast von früher, der einen womöglich heute noch runterdrückt.

Heute als Mann in den besten Jahren komme ich mit mir und meiner Physis besser klar. Schon allein deswegen, weil viele Kumpels, die ich früher um ihre Körper beneidete, heute Moppelchen mit »Holsten-Geschwür«, also Bierbauch, sind und ich eher nicht. Das relativiert alles ein wenig.

Es half mir, all diese Dinge mit Martin zu besprechen, festzustellen, wie sehr auch ich mich an Normen und vermeintlichen Männlichkeitsmerkmalen maß und deshalb unzufrieden war. Ich sollte lernen, mich so anzunehmen, wie ich bin, nicht immer nur an mir herumzunörgeln, sondern auch das zu würdigen, was gut und stark an mir war. Meine Kreativität etwa. Machte ich. Half auch. Meine Krankheitsängste aber blieben.

Einmal probierten wir es auch mit einem Medikament. Martin verschrieb mir ein Antidepressivum. Ich nahm es eine Woche, dann setzte ich es mit seinem Einverständnis wieder ab, denn ich fühlte mich grässlich. Mein Kopf schien zu vibrieren. Ich schlief noch schlechter. Ich fremdelte total mit den Pillen und bildete mir ein, sie würden meine Persönlichkeit zum Negativen verändern. Martin bat mich zuerst, Geduld zu haben, sah dann aber ein, dass meine innere Abwehr gegen das Medikament zu groß war. Ich wollte Hilfe, aber ich wollte nichts schlucken.

Wir versuchten andere Wege. Martin lehrte mich verschiedene Entspannungstechniken. Meditation, Körperreisen. Es tat gut. Meine Ängste blieben. »Sie können keine Wunder erwarten«, sagte er. »Das alles quält Sie schon sehr lange. Es dauert, das aufzubrechen.«

Ich erwartete auch keine Wunder. Martins therapeutische Begleitung tat mir gut. Sie dämpfte meine Ängste zumindest. Ich hatte jemanden zum Reden, dem ich nicht nur mit meinem Gejammer auf den Sack ging. Hoffte ich zumindest. Dass Martin

4. DAS THERAPEUTEN-BINGO **59**

Arzt war und mir ab und an die größten Ängste nahm und Zusammenhänge erklärte, half ebenfalls. Aber immer nur kurz. Dass diese Beruhigungen als ständige Rückversicherungen im Grunde krankheitsstabilisierend waren, war uns wohl beiden nicht klar. Durchschauten weder der Kranke noch der Therapeut den zwanghaften Mechanismus, der hier wirkte? Martin schien es zu ahnen, sagte oft, dass er mein Therapeut, aber nicht mein Hausarzt wäre, aber ich war immer wieder so verzweifelt und angstgeschüttelt, dass er oft nachgab und mich beruhigte. Das hat auch manchmal nachhaltiger geholfen, gerade wenn ich medizinische Dinge überhaupt nicht richtig einordnen konnte, Gefahren überbewertete oder Sicherheiten wollte, wo es keine gab. Dennoch kamen wir grundsätzlich nicht weiter mit dieser Methode. Die Ängste blieben beziehungsweise kamen immer wieder hoch. Wir tasteten uns immer wieder ran an den Kern des Problems, erreichten ihn aber nie.

Der Versuch, eine Ursache für die Angst zu finden, war interessant, blieb aber letztendlich fruchtlos. Was nützte es mir zu wissen, dass ich womöglich als Kind mein Urvertrauen verloren hatte? Was half es mir zu realisieren, dass meine Mutter überängstlich war, dass ich die Angst sozusagen zu Hause gelernt hatte? Was konnte ich aus der Erkenntnis machen, dass mein Körpergefühl gestört zu sein schien?

Ich verstand besser, warum mich das alles quälte, aber dieses Verständnis führte zu nichts. Die Angst hatte in meinem Gehirn gut ausgebaute gedankliche Autobahnen errichtet, auf denen sie mit einem Porsche raste, wann immer es ihr passte. Martin hatte es sozusagen geschafft, ab und an mal die Autobahnpolizei einzuschalten. Die hielt die Angst an, es gab Ermahnungen, sie gab sich einsichtig, fuhr langsamer, aber kaum war die Polizei außer Sichtweite, da gab sie wieder Gas.

Der Tag der Wahrheit

Irgendwann kam dann der Tag der Wahrheit. Martin saß mir gegenüber und sagte. »Ich habe im Rahmen einer Supervision Ihren Fall geschildert. Wir haben das diskutiert, und ich glaube, dass ich Ihnen am Ende nicht mehr weiterhelfen kann. Ich habe erkannt, dass Sie letztendlich falsch bei mir sind. Was Sie brauchen, ist eine Verhaltenstherapie. Womöglich verbunden mit einem Klinikaufenthalt.« Ich hörte seine Worte, saß stumm da wie ein Häufchen Elend und hielt mühsam die Tränen zurück. »Und nun?«, fragte ich ihn dann. »Was soll ich jetzt machen? Wo soll ich hin?« Aber zum Glück hatte er sich vorbereitet und gab mir eine Liste mit Namen von Verhaltenstherapeuten, die ihm empfohlen worden waren. Eine hob er besonders hervor. »Hier, diese Frau Dr. Lamprecht, die scheint mir richtig für Sie zu sein. Die hat einen Bombenruf und war auch einmal Oberärztin in einer psychosomatischen Klinik, zu der sie noch gute Kontakte hat. Das kann vieles leichter machen – wenn Sie sich für einen Klinikaufenthalt entscheiden sollten.«

Er hatte sogar schon mit der Frau telefoniert und sie gefragt, ob sie kurzfristig einen Termin für mich freihätte. Auch die Dringlichkeit meines Falls habe er der Kollegin geschildert. »Und wir beide sehen uns jetzt nicht wieder?«, fragte ich bedröppelt. »Abwarten«, sagte Martin. »Noch bin ich Ihr Therapeut. Wir machen da einen weichen Übergang. Erst, wenn Sie wirklich jemanden gefunden haben, gebe ich Sie in andere Hände.«

Und so dackelte ich deprimiert aus seiner Praxis hinaus, heulte zu Hause ein wenig herum und rief dann bei Frau Dr. Lamprecht an. Ein Anrufbeantworter war dran. Ihre Stimme klang gut. Fröhlich, dynamisch. Ich sollte meine Nummer hinterlassen, sie würde zurückrufen. Das tat sie dann auch am

Abend. »Ihr bisheriger Therapeut hat mir Ihren Fall geschildert«, sagte sie. »Allerdings ohne mir Ihren Namen zu nennen. Gut, dass Sie den Kollegen erwähnt haben. So wusste ich gleich Bescheid. Haben Sie übermorgen am Nachmittag Zeit? Ich kann Ihnen einen Termin um sechzehn Uhr anbieten. Dann reden wir.« Ich sagte zu. Und so kam ich zu Frau Dr. Lamprecht, die meiner Krankengeschichte eine entscheidende Wendung gab.

Der Weg aus meinem Hamsterrad?

Sie war Ende dreißig, sympathisch und genau so zupackend und energiegeladen, wie ich sie mir am Telefon vorgestellt hatte. Wir verstanden uns sofort. Sie ließ sich in der ersten Sitzung meine Krankheitsgeschichte erzählen und erklärte mir dann, was Verhaltenstherapie überhaupt ist und was sie in therapeutischer Hinsicht machen würde. Das, was mich quält, sagte sie, sei eine Form von negativem Verhalten, das ich im Laufe der Jahre erlernt hätte, aber eben auch wieder verlernen könne. Es käme darauf an, wie ich denke und fühle und wie dieses Denken und Fühlen positiv verändert werden könne. Die Ursachen meiner Probleme seien keinesfalls uninteressant, man könne mit den Thematiken arbeiten, aber der Fokus läge bei Verhaltenstherapeuten eben nicht auf Ursachenforschung, sondern auf der Frage, wie ganz konkret neue, angemessenere Verhaltensmuster erlernt werden können. Die Therapie sei immer ziel- und lösungsorientiert. Sie helfe bei Angst- und Zwangsstörungen und auch bei depressiven Erkrankungen, je nachdem, wie die Fälle gelagert seien. Es würden Verhaltensübungen eingesetzt, die mich sozusagen anders konditionieren sollten. Auf jeden Fall sei meine Bereitschaft, aktiv mitzuarbeiten zentral für die Therapie.

Ich fand, dass das gut klang. Aber irgendwie auch sehr mechanistisch. »Sie sagen also, dass ich bei Ihnen lernen könne, anders zu denken?«, fragte ich.

»Genau das«, sagte sie. »Das kann sehr gut klappen: Wenn Sie mitmachen und wenn Sie bereit sind, Dinge auszuhalten. Das ist kein einfacher Weg, aber ein effektiver. Es wird dauern. Das, was da alles in ihrem Kopf abläuft, ist ein gut eingeübtes Verhaltensszenario, ein Teufelskreis aus Angst und Versuchen, diese Angst um jeden Preis zu vermeiden. In diesem Hamsterrad sind Sie gefangen. Und wir wollen Wege finden, Sie da rauszuholen.«

Das klang noch besser.

Frau Dr. Lamprecht wurde meine neue Therapeutin. Und schon nach ein paar Sitzungen riet sie mir dringend zu einem Klinikaufenthalt. Danach würden wir auf jeden Fall ambulant weitermachen, aber meine Störung sei doch so massiv, dass eine effektive Behandlung zwischen Job und Familie aus ihrer Sicht schwer möglich sei. Ich müsse im wahrsten Sinne des Wortes dringend mal raus aus meinem anstrengenden Leben und eine Zeit lang woanders rein, um zu lernen, mit mir besser klarzukommen. Es gäbe da verschiedene geeignete Einrichtungen. Sie nannte mir einige. Ich hörte wie betäubt zu.

Zu Hause brütete ich ein paar Wochen vor mich hin. Sollte, konnte ich diesen Schritt wirklich wagen? Ich sprach mit meiner Frau und guten Freunden. Gesa riet mir zu. »Ich will, dass du gesund wirst. Wir schaffen das.« Ein Freund riet mir ab. »Versuche es ambulant. Denk an deinen Job. Ein psychisch kranker Kulturchef, wie lange leisten die sich den wohl bei der *Brigitte*?«

Es war ein Hin und Her. Ich konnte mich nicht entscheiden. Das aber sorgte dafür, dass es mir noch schlechter ging als ohnehin schon. Ich schlief kaum noch. Mein Kopf war ein einziges Gedankenkarussell. Die Ängste wurden immer massiver. Schließlich sagte Gesa: »Du gehst jetzt in die Klinik. Egal, was die im Job sagen. So kann es nicht weitergehen. So gehst du vor die Hunde.« Sie hatte recht. Bei meinem nächsten Termin erzählte ich Frau Dr. Lamprecht von meinem Entschluss, den sie erleichtert aufnahm. Das sei eine weise Entscheidung. Wir besprachen, welche Kliniken für mich in Frage kommen würden, und ich wählte die Heilberg-Klinik. Sie war rund eine Autostunde entfernt, und Frau Dr. Lamprecht kannte dort auch einige der Ärzte, die sie schätze. Dort sei ich sicher gut aufgehoben. Gemeinsam mit meinem Hausarzt bereiteten wir alles vor. Ich bekam eine Einweisung und »bewarb« mich in der Heilberg-Klinik um einen Platz. Ich füllte Fragebögen aus, und wenig später schrieb man mir, dass man mich nehmen würde. Wie lange ich auf einen Platz warten müsse, könne man mir aber noch nicht sagen – nur, dass es sicher noch im selben Jahr klappen würde. Nach einem Monat hatte ich eine Zusage. Es sei kurzfristig ein Platz frei geworden.

Ich ließ mir dann einen Termin bei meiner Chefredakteurin Anne Volk geben, um ihr zu sagen, dass ihr Kulturchef nicht mehr alle Latten am Zaun hat und in eine Klinik muss. Ich bin ihr bis heute unendlich dankbar, dass sie mitfühlend, unterstützend und verständnisvoll reagiert hat. Das hat mir sehr geholfen. Ich bekam sogar Briefe von ihr in die Klinik, in denen sie mir schrieb, dass alle in Gedanken bei mir seien, sich auf meine Rückkehr freuen würden, ich mir so viel Zeit wie nötig nehmen solle, um gesund zu werden. Und »keine Angst«, schrieb sie, »Ihr Job ist sicher. Mein Wort drauf. Werden Sie gesund. Wir brauchen Sie.«

Der Hammer, diese Frau. Was für eine Chefin! Auch meine Kolleginnen und Kollegen reagierten sehr verständnisvoll. Ich war überrascht und glücklich, wie mitfühlend und unterstützend alle waren. Ich hatte nicht mit so viel Verständnis gerechnet. Diese Reaktion meiner Chefin, meiner Freunde und Kollegen hat mir den bevorstehenden Klinikaufenthalt viel leichter gemacht. Ja, ich wollte gesund werden. Und wenn es sein musste, dann eben in der Klapse.

Es ging nicht mehr: Die Klinik musste sein

Das war im Frühjahr vor zwanzig Jahren. Draußen war es bereits sehr warm. Es wurde ein heißer Sommer. Ich verbrachte ihn in der Heilberg-Klinik. Draußen schien tagsüber fast immer die Sonne. Und in meinem Kopf war sehr oft Dunkelheit. Der Aufenthalt in der Klinik und die Konfrontationstherapie, die ich dort machte, waren das Härteste, was ich bis dahin in meinem Leben erlebt habe. Aber es hat mir geholfen. Es hat mich weitergebracht – auf einem Weg, den ich bis heute gehe. Was ich in der Klinik erlebt habe, beschreibe ich ausführlich in dem Kapitel »In der Klapse«.

Nach der Entlassung begann ich schnell wieder zu arbeiten. Es lief gut. Ich freute mich. Es tat so gut, wieder mitzumischen. Aber noch besser war es, dass ich endlich wieder zu Hause bei Gesa und unseren Jungs war. Dass ich endlich wieder Ehemann und Vater sein konnte und nicht nur zu Besuch da war. Für die Jungs war ich »auf Kur« gewesen. Sie freuten sich, dass ihr Papa ihnen nun wieder jeden Abend eine Geschichte erzählen und mit ihnen toben konnte. Während des Klinikaufenthaltes hatte ich sogar Kassetten mit Geschichten besprochen, um ihnen die Trennung leichter zu machen. Heute, als Erwachsene, erinnern sie sich immer noch an die Story »Höbbel – das Zauberauto«, in der ein altes, klappriges Auto zum Freund eines kleinen Jungen wird. Ich weiß, es ist ein bisschen geklaut von »Herbie«,

4. DAS THERAPEUTEN-BINGO **65**

dem tollen VW-Käfer, aber hey, ich habe die Geschichte mit viel mehr Witzen aufgemöbelt. Das lenkte mich ab von meinen düsteren Gedanken. Ich saß damals in meinem Zimmer auf dem Bett und quatschte Unsinn in mein Diktiergerät. Es war wie ein ferner Hauch aus einer anderen Welt, der Welt der Gesunden, zu der ich so gern wieder hatte gehören wollen.

Zu Frau Dr. Lamprecht ging ich fast ein Jahr nach der Entlassung noch regelmäßig zur ambulanten Nachsorge. Es ging mir nach der Heilberg-Klink viel besser, aber die Dämonen waren noch da. Sie warteten und konnten jederzeit zuschlagen. Das Eis war dünn, und wir arbeiteten daran, die Eisdecke dicker zu machen. Ich hatte gelernt, meinen Ängsten anders zu begegnen. Ich hatte gelernt, Lebensrisiken zu akzeptieren, trotzdem weiterzuleben und trotzdem Freude zu empfinden. Ich hatte gelernt, Dinge auszuhalten, positive innere Dialoge mit mir zu führen, statt mich als Hauptfigur in Katastrophenfilmen zu sehen. Aber all das Gelernte auch stets angemessen anzuwenden – das war die Herausforderung. Mit Frau Dr. Lamprecht frischte ich das Programm immer wieder auf. Es klingt simpel, aber diese ständige Wiederholung ist wichtig. Man muss immer dranbleiben. Sich wie ein Mantra das einhämmern, was man denken will. Dann denkt man irgendwann auch anders.

Nach einem Jahr sagte Frau Dr. Lamprecht dann zu mir: »Ich glaube, dass Sie jetzt allein klarkommen können. Neunzig Prozent haben wir. Die verbleibenden zehn Prozent sind der hartnäckige Rest, mit dem Sie zu leben lernen müssen. Sie sind anfällig, das wissen Sie. Arbeiten Sie weiter daran, nicht wieder abzuschmieren. Lernen Sie Meditieren. Gönnen Sie sich Pausen. Akzeptieren Sie Unsicherheit. Leben Sie mehr im Hier und Jetzt. Wir können immer wieder reden. Ich werde immer einen Termin für Sie haben. Aber Sie wissen jetzt, was zu tun ist.«

Ich gab ihr die Hand, umarmte sie und ging. Sie hatte mir wirklich sehr geholfen.

Ich fing also wieder an zu arbeiten, und es fühlte sich verdammt gut an.

Ein paar Jahre danach bekam ich dann das Angebot, an der Seite eines Kollegen Kulturchef des Magazins *Stern* zu werden. Fast alle rieten mir ab. »Dafür bist du nicht gebaut. Das ist ein Haifischbecken. Ein totaler Männerladen. Dann schmierst du psychisch wieder ab.«

Ich wankte. Das Angebot war ein Traum. Ich wollte eigentlich immer zum *Stern*. Und jetzt war die Gelegenheit da. Aber ich hatte Angst. Wie stabil war ich wirklich?

Gesa entschied schließlich für mich. »Du machst das jetzt. Das war immer dein Wunsch. Riskier mal was. Außerdem höre ich mir sonst bis zum Rest unseres Lebens an, dass du ja zum *Stern* hättest gehen können und dir nie verzeihen würdest, das nicht gemacht zu haben.«

Recht hatte sie. Ich sagte zu. Und es hat funktioniert. Der Job war hart, aber klasse. Es hat gedauert, mich da durchzusetzen. Meiner Psyche ging es besser. Als ob sie darauf gewartet hätte, dass ich mich neuen Herausforderungen im wirklichen Leben stelle, statt über mögliche Katastrophen nachzudenken. Neun Jahre war ich mit wechselnden Partnern Kulturchef des *Stern*. Es hat irre Spaß gemacht und war oft wahnsinnig anstrengend. Ich hatte manche schlaflose Nacht, wenn was nicht klappte, aber ich wusste wenigstens, mit was oder wem ich mich konkret auseinanderzusetzen hatte, statt mit den Dämonen in meinem Kopf zu kämpfen. Ich glaube, dass ich in diesen Jahren psychisch immer gesünder wurde. Ich hatte schlichtweg zu viel zu tun, um mir zu viele Gedanken zu machen. Klingt komisch. Stress soll ja ungesund sein, aber es fühlte sich gut an, im Job bestehen zu können.

4. DAS THERAPEUTEN-BINGO   67

Heute arbeite ich immer noch beim *Stern* als fest angestellter Autor. Ich schreibe Geschichten und mache viele Interviews. Ich tue das ungeheuer gern. Wenn ich im Job bin, geht es mir eigentlich immer besser als ohne Arbeit.

Eines muss ich noch ergänzen: Wenn es in meiner Ressort-leiter-Zeit mal Probleme gab, Situationen verfahren waren oder ich mit Kollegen nicht klarkam, dann ging ich auf eigene Kosten zu Martin. Er kannte mich besser als die meisten anderen Menschen. Er wusste, was in meiner Birne alles so vor sich geht und konnte mich prima coachen. Seine Ratschläge waren Gold wert. So hat er mir nicht nur am Beginn meiner Therapiezeit, sondern auch in dieser Phase sehr geholfen, unsere gemeinsame Zeit war in vieler Hinsicht ein Gewinn für mich.

Zurzeit hilft mir ein toller Verhaltenstherapeut, auf Kurs zu bleiben. Ich sehe ihn in regelmäßigen Abständen. Man muss dranbleiben. Das Eis trägt, aber es ist dünn.

Ich fasse noch einmal zusammen, wie man meiner Meinung nach vorgehen kann, wenn man glaubt, sich in psychotherapeutische Behandlung begeben zu müssen:

1) Sie brauchen dafür keine Überweisung des Hausarztes. Vielleicht schauen Sie einfach ins Telefonbuch oder ins Internet nach einem Therapeuten, rufen dort an und bitten um einen Sprechstundentermin.

2) Klären Sie gleich, ob der Therapeut auch eine Kassenzulassung hat bzw. ob die privaten Kassen die Kosten der Behandlung erstatten.

3) Falls Sie nur Absagen bekommen oder nicht wissen, wen Sie anrufen sollen, dann schauen Sie im Internet auf diese Seite: **Bundesgesundheitsministerium.de**
Hier finden Sie unter dem Stichwort »Psychotherapeutische

Sprechstunde« auch eine interaktive Karte, die Sie zu den für Sie relevanten Terminvergabestellen der Kassenärztlichen Vereinigung weiterleitet. Dort wird man Ihnen zeitnah einen Sprechstundentermin bei einem Therapeuten vermitteln.

4) Gehen Sie in diese Sprechstunde, und schildern Sie möglichst offen Ihr Anliegen. Der oder die Therapeut/in hat eine Schweigepflicht. Keine falsche Scham. Schließlich wollen Sie gesund werden. Der oder die Therapeut/in wird Ihnen Fragen stellen und eine erste Einschätzung vornehmen, wie akut Ihr Therapiebedarf ist, woran Sie erkrankt sind und welche der anerkannten Therapien für Sie womöglich die richtige ist. Derzeit werden aber nur drei Therapieformen von den gesetzlichen und den privaten Krankenkassen bezahlt: die Psychoanalyse, die tiefenpsychologisch fundierte Psychotherapie und die Verhaltenstherapie. Bedingung für die Kostenübernahme ist jedoch bei allen drei Therapieformen, dass sie von einem zugelassenen ärztlichen oder psychologischen Psychotherapeuten durchgeführt werden. Andere Verfahren müssen privat bezahlt werden.

5) Checken Sie schon im ersten Gespräch, ob Ihnen der oder die Therapeut/in liegt. Ist er oder sie Ihnen sympathisch? Fühlen Sie sich wohl in seiner oder ihrer Gegenwart? Mögen Sie die Stimme? Fühlen Sie sich verstanden? Stellt er oder sie Ihnen aus Ihrer Sicht sinnvolle, kompetent klingende Fragen? Nur dann ist es sinnvoll, bei dieser Person eine Therapie zu machen. Die Therapeuten mögen die Experten sein, Ihr Bauchgefühl, ob die Chemie stimmt, ist mindestens ebenso wichtig. Manchmal braucht es auch mehr als *eine* Sprechstunde, um festzustellen, ob man miteinander kann.

6) Wenn Sie sich wohlfühlen und der oder die Therapeut/in weiteren Klärungsbedarf sieht, können Sie mit ihm oder ihr

mehrere so genannte probatorische Sitzungen vereinbaren, ohne dass diese bei Ihrer Kasse beantragt werden müssen. In diesen Sitzungen wird weiter geklärt, welche Therapie geeignet ist und ob beide Seiten »miteinander können«. Wenn entschieden ist, dass eine Psychotherapie nötig ist, stellt der oder die Therapeut/in einen Antrag zur Kostenübernahme bei Ihrer Krankenkasse. Jetzt muss auch der Hausarzt eingeschaltet werden und bestätigen, dass Ihre Erkrankung keine körperlichen Ursachen hat. Privatpatienten sollten vor Beginn einer Therapie mit ihrer Kasse klären, welche Kosten für welche Therapie übernommen bzw. erstattet werden.

7) Der oder die Therapeut/in wird in der Regel erst einmal eine Kurzzeittherapie von fünfundzwanzig Sitzungen à fünfzig Minuten beantragen, die in der Regel auch von den Kassen genehmigt wird. Wenn nötig kann die Therapie dann in mehreren Schritten auf Antrag verlängert werden. Eine Verhaltenstherapie kann maximal achtzig Stunden dauern, eine tiefenpsychologisch fundierte Psychotherapie bis zu hundert Stunden und eine Psychoanalyse sogar bis zu dreihundert Stunden.

8) Egal, welche Therapieform bei Ihnen angewendet wird – lassen Sie sich darauf ein. Seien Sie offen und ehrlich. Seien Sie freundlich, aber versuchen Sie nicht zu gefallen. Es geht nicht darum, dass der oder die Therapeutin sich wohlfühlt oder Sie toll findet. Es geht darum, dass Sie sich Ihren verdrängten Gefühlen und Konflikten stellen und gesund werden. Der Weg dahin kann auch schon mal ziemlich unangenehm werden. Aber, glauben Sie mir, er lohnt sich.

5.

IN DER KLAPSE

oder »Kester flog übers Kuckucksnest«

Bericht aus dem Inneren einer
psychosomatischen Klinik

»Ich lasse Sie dann mal allein«, sagte die Frau. »Kommen Sie
erst mal an.« Ich setzte mich auf das Bett des schmucklos ein-
gerichteten Zimmers und begann zu weinen. Hemmungslos.
Ich war am Ende. Fertig. Der Tiefpunkt war erreicht. Einweisung in eine psychosomatische Klinik. Diagnose: Angst- und
Zwangsstörung. »Ich bin ein verdammter Psycho«, dachte ich
und schluchzte in mein Taschentuch. Vor einer halben Stunde
hatte mich mein Kumpel Jan mit seinem alten Porsche von
Hamburg in die Klinik nach S. gebracht. Kräftige Umarmung.
Klopfen auf den Rücken. »Du schaffst das.« Jan ließ den Warn-
blinker zum Abschied an, bis er um die Kurve verschwand.
Und dann stand ich am Empfangstresen der Heilberg-Klinik,
füllte Formulare aus und wurde schließlich von einer freundlichen Frau auf mein Zimmer gebracht. Die Frau schloss auf,
drückte mir den Schlüssel in die Hand und verabschiedete sich
wieder. Bett, Schreibtisch, Fernseher, Schrank. Es sah aus wie

in einem Hotel für Vertreter. Meine Heimat für die nächsten Monate. Für wie viele? Das wusste keiner. »Drei können es werden«, hatte meine Therapeutin gesagt. Vielleicht weniger, eventuell auch mehr. Na, klasse! Nach zwei Monaten würden sie mich bestimmt feuern, befürchtete ich. Ich war damals Ressortleiter für »Kultur und Unterhaltung« bei der Zeitschrift *Brigitte*, hatte mich vom Newcomer und jüngsten Redakteur auf diese Position hochgearbeitet, gefördert und gefordert von der allseits geachteten Chefredakteurin Anne Volk, eine Instanz in der Branche. In deren Zimmer hatte ich vor vier Wochen gesessen und das Ungeheure gesagt. Die Sätze, die ich mir vorher zurechtgelegt hatte: »Frau Volk. Ich bin psychisch krank. Ich kann nicht mehr. Ich muss für ein paar Monate in eine Klinik.«

Anne Volk war überrascht, fast geschockt. »Sie? Also, das… ich… wir haben nichts gemerkt. Unfassbar. Sie Armer. Erzählen Sie.«

Und ich erzählte. Wie es vor Jahren anfing und immer schlimmer wurde. Mit den Befürchtungen, den Sorgen, der Angst. Angst vor Krankheit, Verschmutzung, Keimen, Infektionen, Angst um meine Frau Gesa und unsere beiden Söhne. Und wie dann, irgendwann, als ich nächtelang nicht mehr schlief und nach unzähligen Sitzungen bei meiner Therapeutin diese den einen Satz sagte, der alles änderte: »Wir müssen über einen stationären Aufenthalt nachdenken. Wir kriegen das ambulant nicht mehr hin. Ich mache mir Sorgen um Sie.«

*

»Dir geht's scheiße, oder?«

Es klopfe an meiner Tür. Ich straffte mich, wischte die Tränen mit dem mittlerweile dritten Taschentuch aus meinem Gesicht, erhob mich und öffnete. Eine etwa vierzigjährige Frau stand vor der Tür. Groß, kräftig, schwarzes Haar, freundliches Gesicht. »Hallo, ich bin Manuela«, sagte sie und lächelte. »Ich bin hier auch Patientin. Ich soll dich rumführen und dir die Klinik zeigen. Das ist hier so üblich.«

Sie machte eine einladende Geste und schickte dann hinterher: »Dir geht's scheiße, oder? Der erste Tag ist schlimm. Kenn ich.« Ich antwortete nicht und nickte nur. Mir fehlten die Worte. Manuela schien das nicht zu stören. »Komm«, sagte sie und berührte sanft meinen Arm. Diese simple Geste überwältigte mich. Nur mit größter Mühe unterdrückte ich einen weiteren Weinkrampf. Die kurze Berührung tröstete mich. Ich fühlte mich angenommen, verstanden. Von jemandem, der offenbar wusste, was in mir vorging. Der auch krank war.

»Und schließ ab. Manchmal wird hier geklaut«, sagte Manuela und ging voran. Ich gehorchte und folgte ihr wie betäubt. Ein Teil meines Hirns flüsterte: »Tief gesunken, Alter. Du dackelst mit verweinten Augen einer Fremden hinterher und bist ihr dankbar für ein freundliches Wort und eine Hand auf deinem Arm. Du bist wirklich ganz unten.«

»Also«, sagte Manuela und deutete den Gang hinunter. »Das ist dein neues Heim. Die Station sieben. Voller Hirnis mit Ängsten, Zwängen, Depressionen und Phobien. Links und rechts sind die Zimmer. Hinten die Räume, wo die Gruppentherapien stattfinden. Und dahinter die Zimmer der Ärzte und Therapeuten.«

Manuela sprudelte. Ganz die erfahrene Insassin, die den Neuen mit leichtem Stolz in ihr Reich einführt. Ich trottete hinterher, ließ mir die Kantine, die Sporthalle und den Außenbe-

5. IN DER KLAPSE **73**

reich zeigen. Beim Stichwort »Medizinischer Bereich« horchte ich auf und fragte nach.

»Na«, sagte Manuela, »da werden Untersuchungen gemacht, EKG, EEG, Bluttests und so was. Und außerdem ist das unser Notnagel. Für all diejenigen, die nachts die Krise kriegen. Wenn's ganz schlimm ist, geben die dir was zur Beruhigung. Herrlich, dann entspannt wegschlummern.«

»Mein neuer Stammplatz«, sagte ich. »Nächtliche Krisen sind mittlerweile meine Kernkompetenz.«

»Täusch dich nicht. Wer jede Nacht kommt, kriegt irgendwann gar nix mehr.«

Ich schwieg. Man musste also betteln um seine Nachtruhe.

»Und wie geht es nun weiter?«, fragte ich schließlich. »Ich bin dir dankbar für die kleine Führung, aber wer kümmert sich denn nun um mich?«

»Wahrscheinlich hat ein fleißiger Schlumpf dir längst deinen Therapieplan auf den Schreibtisch gelegt«, antwortete Manuela.

Sie sagte tatsächlich »Schlumpf«.

»Da steht fast alles drin, was du wissen musst. Und den Rest erzählen wir dir. Komm, wir schauen nach.«

Ich folgte ihr. Kurz vor meinem Zimmer begegneten wir auf dem Gang einem korpulenten Mann, Mitte vierzig. Der blieb etwas atemlos stehen und sah mich erwartungsvoll an.

»Tataa«, rief Manuela und deutete auf den Mini-Bud-Spencer.

»Das ist Ecki. Immer in Eile, der Mann.«

Ecki grunzte.

»Und das ist Kester, der Neue.«

Ecki reichte mir eine feuchte Pranke und sagte: »Freut mich. Wir sehen uns später. Ich muss jetzt Ergometer. Äh, und wie heißt du?«

»Kester wie Orchester, aber ohne Or«, sagte ich – wie immer.

Ecki grunzte, was wohl ein Lachen darstellen sollte. Dann eilte er schnaufend davon. Ich schmunzelte. »Ich muss Ergometer.« Die Formulierung gefiel mir.

»Ecki hat eine soziale Phobie«, sagte Manuela und sah ihm kopfschüttelnd nach.

»Wie? Der wirkt doch ganz aufgeräumt«, wunderte ich mich.

»Du solltest ihn mal draußen in freier Wildbahn sehen. Ein Häufchen Elend.« Ich nickte, obwohl ich nicht genau verstand, was sie meinte, und überlegte, wo ich mir die womöglich kontaminierte Hand waschen konnte, die ich gerade dem Sozialphobiker Ecki gereicht hatte.

*

Wie soll ich das bloß aushalten?

Tatsächlich lag der Therapieplan auf meinem Zimmer. Und daneben ein Zettel, dass ich morgen um 14.30 Uhr einen Termin bei meiner Therapeutin Frau Dietrich haben würde. Der Therapieplan sah vor, dass ich sie zweimal in der Woche für fünfzig Minuten sehen würde. »Ziemlich wenig«, dachte ich und studierte den Plan weiter. Gruppentherapie hatte ich an vier Wochentagen. »Na sauber«, dachte ich. Mit anderen Beknackten im Stuhlkreis sitzen und unter affirmativer Anleitung rumjammern. Wie sollte ich das bloß aushalten? Einmal in der Woche sollte ich zudem zur Gestaltungstherapie, was immer das auch bedeuten sollte. Dienstags hatte ich bis auf das so genannte Patienten-Parlament gar keine Termine. Dort saßen alle, die Lust hatten, zusammen, um sich auszutauschen und eventuelle Probleme zu besprechen. Ich ging nur einmal hin, weil ich das Gelaber dort überflüssig fand. Und zusätzlich hatte man mich zweimal in der Woche in eine Jogginggruppe gesteckt. Um acht

5. IN DER KLAPSE **75**

Uhr morgens. Mist, ich hatte im Anmeldungsbogen angegeben, dass ich regelmäßig liefe. Fehler! Ich lief gern, aber vor allem gern allein. Und acht Uhr war keine gute Zeit, weil ich oft erst im Morgengrauen wieder einschlief. »Ich werde wohl Kniebeschwerden haben«, sagte ich mir, legte den Plan auf den Schreibtisch, setzte mich aufs Bett und starrte die Wand an. Mein Handy klingelte. »Gesa« zeigte das Display. Ein Anruf aus einer anderen Welt. Der Welt der Gesunden.

»Wie geht es dir?«
        Ich begann zu weinen.
»So schlimm?«
»Ich will hier nicht sein.«
»Du weißt: Es ging nicht mehr.«
»Ja.«
»Sie werden dir da helfen.«
»Hoffentlich.«
»Du schaffst das.«
»Und wenn nicht?«
»Du darfst so nicht denken.«

Ich schwieg. Den Satz kannte ich nur zu gut. Du darfst so nicht denken! »Ja«, dachte ich, »aber das Blöde ist: Es denkt mich! Ich will es nicht, aber es denkt einfach weiter und warnt und raunt und fordert.« Als ob ein zweites Ich neben dem eigentlichen hocken und immer mehr Raum für sich beanspruchen würde.

Wir redeten noch ein paar Minuten weiter. Über normale Dinge: unsere Jungs. Freunde, Klatsch, die nervigen Nachbarn. Ich tat interessiert. Normalität. Ich hatte solche Sehnsucht nach einem normalen Leben.

*

»Alles Irre«, dachte ich

Am nächsten Morgen saß ich nach einer beinahe durchwachten Nacht im Frühstückssaal. Man hatte mir einen festen Platz zugeordnet, an dem ich für die Dauer meines Aufenthalts sitzen würde. Ich war der Erste am Tisch. Wenig später schlich Manuela mit müdem Gesicht heran und ließ sich auf den Platz neben mir fallen. »Morgen, Neuer«, sagte sie und griff nach der Kaffeekanne. »Morgens bin ich nicht zu gebrauchen. Nicht böse sein«, grunzte sie. Ich schwieg, prostete ihr aber mit meiner Kaffeetasse zu.

Ich blickte in den Saal. Rund zweihundert Leute saßen da. Auf den ersten Blick hätte man den Raum für eine ganz normale Kantine halten können. Doch wer genauer hinsah, bemerkte viele angestrengte Gesichter, unruhige Blicke, traurige, schweigende, irgendwie geduckte Gestalten. »Alles Irre«, dachte ich, »und ich bin einer von ihnen.«

Ein Mann setzte sich neben mich und sah mich erwartungsvoll an. Ich hatte ihn nicht kommen hören. »Hallo, ich bin Kester.« »Mark«, sagte der Mann leise und reichte mir seine Hand, die sich anfühlte wie ein weicher, toter Fisch.

»Mark ist auch auf unserer Station«, erklärte Manuela, nun doch wieder ganz Altvordere. Der Mann war etwa Ende vierzig, hatte eine Stirnglatze, tiefe Augenringe und schien nicht die geringste Körperspannung zu haben. Wie hingegossen saß er auf seinem Plastikstuhl und begann mit stoischer Miene sich Butter auf ein Brötchen zu schmieren. Ob er abschließend Marmelade oder Honig nehmen sollte, schien ihn dann vor eine scheinbar unlösbare Aufgabe zu stellen. Eine halbe Minute wanderte sein Blick zwischen beiden Töpfen hin und her. »Nimm die Marmelade«, sagte Manuela schließlich. Mark nickte wie befreit und griff zu. Manuela grinste mich an. »Mark braucht manchmal einen kleinen Push, sonst würde der bis zum Abendessen hier hocken.« Mark lächelte gequält, nickte aber.

Der Tisch füllte sich immer mehr. Lisbeth setzte sich, eine schweigsame Frau von Mitte dreißig. Groß, aber spindeldürr. Manuela erzählte mir später, dass man sie auf der Station hinter vorgehaltener Hand »die Wanderhure« nannte, weil sie nachts schweigend die Gänge auf und ab zu gehen pflegte. Lisbeth hatte eine allgemeine Angststörung, ein anderes Wort für Angst vor allem und jedem. Dann kam Holger, ein untersetzter Mittfünfziger mit gehetztem Blick. Er hob kurz die Hand, murmelte »Holger«, setzte sich, sah vor sich auf den Tisch und begann seine Tasse, seinen Teller und das Besteck so umzuordnen, bis alle Gegenstände gerade und in gleichen Abständen vor ihm lagen. Die anderen ignorierten das komplett. Holger war ein krankhafter Kontrollfreak. Einer, der nie zur Ruhe kam, weil er immer noch irgendwas überprüfen, ausschalten und abschließen musste. Dann erschien – etwas außer Atem – Ecki, der rastlose Sozialphobiker, plumpste auf einen Platz und brummte: »Habt ihr mir auch ein Croissant übrig gelassen?« Keiner antwortete, und Ecki schien auch keine Antwort zu erwarten. Croissants waren keine mehr da.

Man frühstückte, unterhielt sich, schwieg. Ich fühlte mich seltsam unwirklich. Hier saß ich also nun. Ein Kranker an einem Tisch mit Kranken. Der Kaffee schmeckte scheußlich. Ich blickte durch die großen Glasfenster nach draußen ins Grüne. Die Sonne schien. Ein Buntspecht hämmerte auf die Rinde eines Baumstamms ein. Ich dachte an zu Hause. »Guck mal, ein Buntspecht«, hätte ich jetzt zu Gesa gesagt. Ich goss mir Kaffee nach. Der schwarze Schleier legte sich über mich.

*

Das reinste Verhör

Am nächsten Tag lernte ich in meiner ersten Einzeltherapie-
stunde Frau Dietrich kennen. Sie war dunkelhaarig, Mitte
dreißig, nicht unfreundlich, aber professionell distanziert.
Sie schien sehr zielorientiert und machte schnell klar, dass sie nicht
viel von Smalltalk hielt. Mein erster Eindruck war: Die kann mir
nicht helfen. Warum auch immer. Aber ich riss mich zusammen
und beschloss, offen für alles zu sein. Frau Dietrich blätterte in
meiner Patientenakte (was mich nervte) und sagte dann:»Na,
dann erzählen Sie mal, was sie bedrückt.« Ich wollte gerade antworten:»Das steht doch da alles in meiner Akte«, besann mich
aber und begann zu erzählen. Wie es anfing mit den Ängsten,
wie sie sich steigerten und immer mehr Raum in meinem Denken einnahmen. Sie schwieg und nickte von Zeit zu Zeit. Ab
und an stellte sie präzise Fragen, die mich dann doch überzeug-
ten, dass sie wusste, worum es hier ging:»Befürchten Sie krank
zu sein oder haben Sie vor allem Angst, krank zu werden? Was
genau ängstigt Sie? Ist es Todesangst? Waren Sie schon einmal ernst krank? Wie oft gehen Sie zum Arzt? Wie lange beruhigt Sie das? Glauben Sie Ihrem Arzt? Und wenn nein, warum
nicht? Welches Verhältnis haben Sie zu Ihrem Körper? Wie ist
Ihr Sexualleben? Haben Sie Schuldgefühle? Welche Gedanken
quälen Sie?«

Es war das reinste Verhör. Ein kompletter Abschied von dem,
was man gemeinhin Privatsphäre nennt. Aber ich wollte gesund
werden und beantwortete alle ihre Fragen. Dann waren die fünfzig Minuten auch schon um, und Frau Dietrich kündigte an, dass
sie in der nächsten Stunde gern einen Abriss meiner Biographie
hören würde: Kindheit, Elternhaus, Ausbildung, Beruf, Ehe, Fa-
milienleben etc. ... Ich nickte nur. Das kannte ich ja schon. Ein
vertrauter Vortrag. Szenen eines vergangenen Lebens.

Später in der Nacht, als ich endlich nach stundenlangem Hin-und-her-Gewälze eingeschlafen war, träumte ich von Frau Dietrich. Sie saß missgelaunt auf einem hohen Stuhl und verhörte mich wie eine Polizistin. Ich gab sonderbare, sinnlose Antworten. Ich begann Martin und Frau Dr. Lamprecht, meine vertrauten Therapeuten, zu vermissen. Gegen fünf Uhr am Morgen wachte ich auf. Wie angeknipst. Mein Herz klopfte. Ich spürte das Blut in meinem Kopf rauschen. Ich war, wie fast immer, in einer Art innerem Alarmzustand. Als ob draußen vor meinem Zimmer ein Rudel hungriger Wölfe auf mich warten würde. Die Angst war wie eine Aura, die unsichtbar um mich herum waberte. Langsam wurde es hell. Die Vögel zwitscherten. Ein neuer Tag brach an. Gesa und die Jungs würden sicher noch schlafen. Die beiden wussten nur, dass ihr Papa auf einer »Kur« war, weil er angeblich zu viel gearbeitet hatte. Dabei wäre ich liebend gern heute zur Arbeit gegangen. Heute am späten Vormittag würde drüben in Hamburg die Redaktionskonferenz beginnen, in der die Ressortleitungen der Chefredaktion die neuen Themen präsentieren würden. Auf meinem Platz saß jetzt meine Kollegin Sabine und vertrat mich. »Ob ich wohl je wieder selber auf diesem Platz sitzen würde? Was soll nur aus mir werden?«, dachte ich. »Wie lange würden sie in Hamburg auf mich warten? Oder hatten sie mich bereits abgeschrieben?«

*

»Was? Ich soll Bilder tuschen?«

Die Gestaltungstherapie begann gleich am nächsten Morgen. Ich las den Infozettel, bevor ich mich in den dafür vorgesehenen Raum im Untergeschoss schleppte:

»In der Gestaltungstherapie können Sie ohne Leistungsdruck mit Farben oder Ton arbeiten. Es geht dabei nicht so sehr um schöne Ergebnisse, sondern um neue Erfahrungen. Dabei kann etwas zum Ausdruck kommen, das Sie innerlich beschäftigt, das aber mit Worten schwer auszudrücken ist. Wir wollen auf einfache Weise versuchen, Stimmungen, Probleme oder Phantasien darzustellen. Überlegen Sie nicht schon vor dem Termin, was Sie malen könnten, sondern warten Sie gelassen, was Ihnen in den Stift oder Pinsel kommt.«

Ich hätte im Schwall kotzen können. Ich sollte also abwarten, was mir »in den Pinsel kommt«. Allein der tantige Tonfall dieses Infozettels machte mich aggressiv. Ich kam mir vor wie ein Debiler, der nun mit anderen Deppen sabbernd irgendwas auf Pappen malen sollte, um irgendwie beschäftigt zu werden. Und das sollte mir helfen? Womöglich sollten wir dann das Gemalte auch noch öffentlich interpretieren. Ich musste an eine Filmkomödie denken, in der der Held bei einem Rorschach-Test bei jeder abstrakten Darstellung immer nur »Titten«, »Arsch« oder »Pimmel« grölte. Darüber hatte ich mich damals sehr amüsiert. Jetzt war das nur noch ein Nachhall aus einer anderen, guten Zeit, in der ich noch befreit lachen konnte.

Der Raum für die Gestaltungstherapie erinnerte mich an den Kunstkurs in der Schule. Farbbekleckste Tische, Bilder an den Wänden und – aufgereiht in Regalen – die Malwerkzeuge. Acht Leute saßen schon lustlos herum und warteten auf das Kommende. Ich setzte mich auf einen freien Stuhl und litt still vor mich hin. Was war das alles nur für eine Scheiße? Wie tief war ich gesunken? Und vor allem: Was sollte das hier alles?

Dann erschien die Kursleiterin, eine zupackende Mittfünfzigerin namens Susanne, die sofort mit etwas zu heller Stimme auf uns einflötete. Ihre Worte rauschten an mir vorbei: »Ge-

5. IN DER KLAPSE **81**

fühle ausdrücken«, »Kreatives Potential«, »Transformation«. Ich
nahm nur Brocken auf. Schließlich bekam jeder ein großes wei-
ßes Blatt, Farben und einen Pinsel. Und dann sollten wir einfach mal drauflos malen. Ich saß da wie betäubt. Ich wollte nicht
malen. Ich konnte nicht malen. Ich war doch nicht zum Pinseln
in diese Klinik gekommen, verdammt noch mal! Aber Susanne
kannte offenbar diese Verweigerungshaltung, die – wie sie mir
später erzählte – besonders gern Männer an den Tag zu legen
pflegten. Sie setzte sich neben mich und sagte: »Ich sehe, du
hast keine Lust, oder es geht dir nicht gut. Aber das hier steht
auf deinem Therapieplan. Und glaub mir, die haben sich dabei
was gedacht. Nimm einfach den Pinsel, tauche ihn in die Farben
und dann schau, was passiert.«

Da ich ein freundlicher Mensch bin, nickte ich und tat, was
sie empfahl. Ich will hier jetzt niemanden mit endlosen Be-
schreibungen langweilen, mit welchen Scheußlichkeiten ich damals das unschuldige Weiß des Papiers traktierte. Nur so viel:
Irgendwann hatte ich keine Lust mehr, das alles blöd zu finden, nahm ein neues Blatt und begann einfach so zu malen,
bis ich alles um mich herum vergaß. Und am Ende der Stunde
sah ich vor mir ein abstraktes Werk von irritierender Schönheit vor mir liegen. Ein wildes Durcheinander von Farben und
Formen, das ein offenbar entfesselter Künstler mit entschlosse-
nem Strich hingeworfen hatte. Und dieser Künstler war ich. Ich
war überrascht. Das Ganze sah – objektiv betrachtet – sicher
ziemlich beschissen aus, wie von einem erregten Affen gemalt.
Aber ich mochte irgendwie, was ich hier geschaffen hatte. Mein
Werk hatte irgendwie was. Es strahlte eine sonderbare Form
der Entschlossenheit aus. Ich habe das Bild später gerahmt und
einige Jahre in meinem Arbeitszimmer an der Wand gehabt. Ich
nannte es »Klappskallis Erwachen«.

Damals in der Gestaltungstherapie begann ich eine wichtige Lektion zu lernen: Bloß nicht die Nase zu weit oben. Dichtmachen und verweigern hilft niemandem. Mitmachen ist immer besser als bockig sein. Aber bis ich dazu wirklich hundertprozentig bereit war, sollte noch einige Zeit vergehen. Denn was wenig später in der Gruppentherapie auf mich zukam, war eine ungleich härtere Herausforderung als das Mitmachen in der Gestaltungstherapie.

*

Gruppentherapie

Es klopfe an meiner Tür. Ich hatte am Fenster gesessen und wie betäubt hinausgestarrt.

»Ja?«, fragte ich.

»Ich bin's. Manuela. Ich dachte, ich hol dich zur ersten Gruppentherapie ab. Was meinste?«

»Komm rein«, sagte ich.

Manuela trat ein und sah sich im Zimmer um.

»Sehen alle gleich aus bei den Kassenpatienten«, sagte sie.

»Ach, und die von den Privatversicherten?«, fragte ich.

»Sind größer und haben noch einen Sessel.«

Ich schwieg und spürte Ärger in mir aufwallen. Warum, wusste ich auch nicht. Eigentlich konnte mir so ein beschissener, zusätzlicher Sessel ja völlig egal sein. Gerade in meiner Lage. Aber irgendwie kam ich mir wie ein Irrer unter Deck in der Holzklasse vor, während die Bessergestellten oben in den Privatquartieren in ihren schicken Kabinen mit Meerblick hockten. Albern. Ich schüttelte den Kopf, stand auf und sagte: »Na, dann lass uns mal los. Freu mich riesig auf den Stuhlkreis mit den anderen Hirnis.«

5. IN DER KLAPSE   **83**

Tage später erfuhr ich, dass die Privatpatienten auch mehr Einzeltherapiestunden hatten als die gesetzlich Versicherten, was mich dann doch ziemlich aufregte. Es heißt ja immer, dass die grundsätzliche medizinische Versorgung bei beiden Versicherungsformen gleich wäre, aber davon konnte hier keine Rede sein. Gerade die Stunden, die man seinen Therapeuten allein hat, sind aus meiner Sicht ungeheuer wichtig. Denn da geht es ans Eingemachte. Die Gruppentherapie hat dafür andere Qualitäten, wie ich bald merken sollte.

Manuela und ich dackelten also schweigend zum Raum für die Gruppentherapie. »Wirst schon sehen. Das kann helfen«, sagte sie. Und sie sollte recht behalten, auch wenn ich es anfangs nicht glauben wollte.

Wir fanden tatsächlich einen Stuhlkreis vor. Mark, Lisbeth, Ecki und Holger hockten schon in dem Seminarraum. Und noch zwei andere, ein Mann und eine Frau. Manuela und ich setzten uns. Keiner sagte etwas. Jeder schien mit sich selbst beschäftigt. Es ist eben eine unangenehme Situation. Man sitzt da mit lauter Fremden und soll über etwas sehr Persönliches reden, etwas, das man bisher vielen Freunden und Kollegen verschwiegen hat. Man konnte die Beklemmung der hier Sitzenden förmlich mit den Händen greifen. Ich dachte nur: »Ach du Scheiße, was soll ich hier?«

Dann trat die Therapeutin, Frau Sommer, ein.

»Guten Morgen, wir haben drei Neue«, sagte sie und klang dabei wie meine alte Deutschlehrerin. »Dann machen wir erst einmal eine Vorstellungsrunde.«

So erfuhr ich, dass neben mir noch Joachim und Ina in dieser Woche ihre Therapie begonnen hatten. Joachim war groß, kräftig, blond und gutaussehend. Ein Mann wie ein Baum. So einer, wie ich immer gern gewesen wäre. Nicht so ein Hänfling wie ich. Aber Joachim saß auf seinem Stuhl wie ein verschrecktes kleines Tier.

Ein Opfer der Angst. Das merkte ich sofort. Er hatte den Stuhl extra ein wenig nach hinten gerückt. Erst später kapierte ich, dass er unbedingt vermeiden wollte, irgendjemanden von uns zu berühren. Ina war eine schlanke Frau in den späten Dreißigern. Sie sah nett aus, fand ich. Aber auch sie fühlte sich ganz offensichtlich nicht wohl.

Jeder der Anwesenden nannte seinen Namen und ein paar biographische Daten. Verheiratet oder nicht? Kinder? Und wenn ja, wie viele?

»So«, sagte Frau Sommer. »Jetzt wissen wir ja schon ein bisschen voneinander. Aber nicht das, worauf es hier ankommt. Vielleicht erzählt jetzt jeder mal, warum er hier ist. Was ihn oder sie quält.« Pause. Sie sah uns nacheinander an.

»Kester, willst du anfangen?«

Ich zuckte zusammen.

Schwieg.

Dann sagte ich: »Ich habe Angst.«

*

Der Soundtrack des Elends

Die ersten zwei Wochen musste ich komplett in der Klinik verbringen, durfte auch am Wochenende nicht nach Hause fahren und sollte auch erst einmal möglichst keinen Besuch bekommen. Ich sollte mich einleben, akzeptieren, dort zu sein und nicht sofort wieder in alte Muster verfallen. Das war furchtbar für mich. Schon unter der Woche war die Sehnsucht nach Gesa und den Jungs sehr stark. Am Wochenende war sie kaum auszuhalten. Es gab an den Wochenenden in der Klinik keine

Therapieangebote. Nichts passierte. Es war grässlich langweilig. Ich ging spazieren, schaute Fernsehen oder las Bücher, sofern ich mich konzentrieren konnte. Anfangs rief ich oft zu Hause oder bei Freunden an, merkte aber irgendwann, dass ich im Grunde gar nichts zu erzählen hatte. Ich wollte niemanden nerven mit meinem Gejammer. Also reduzierte ich meine Anrufe. Es dauerte Wochen, bis ich die Klinik als eine Art temporäres zweites Zuhause akzeptierte.

Irgendwann brachte Gesa mir auf meinen Wunsch eine Gitarre vorbei. Eigentlich bin ich ja Schlagzeuger, hatte mir aber vor Jahren eine Gitarre gekauft, um auch mal ein bisschen was Melodisches zu fabrizieren und nicht immer nur auf Trommeln und Becken rumzukloppen. Ein paarmal hatte ich auf der Gitarre rumgedaddelt, es aber nie weit gebracht. Jetzt hatte ich ja Zeit. Viel Zeit. Gesa hatte mir auch ein Buch mit einem Gitarrengrundkurs mitgebracht, und ich begann in meinem Zimmer zu üben. Es dauerte gar nicht so lange, und ich konnte mich schon zu dem Klassiker »Ein Bett im Kornfeld« selber begleiten, den ich mit dünner Stimme in mein Zimmer hinein sang. Fragen Sie mich nicht, warum es gerade dieser beknackte Song war – ich weiß es nicht mehr. Ich sehe mich nur jetzt noch häufig vor meinem geistigen Auge da in diesem schmucklosen Raum in der Heilberg-Klinik sitzen und höre mich immer wieder dieses Lied singen. Es war der Soundtrack des Elends. Ich war einsam, ich langweilte mich, ich tat mir leid und rutschte nach und nach in einen seltsam schlafwandlerischen Zustand.

Die Tage vergingen. Ich nahm drei Mahlzeiten zu mir und sah fern.

Es ging mir nicht gut, aber auch nicht richtig schlecht in diesen ersten Wochen in der Klinik. Die Einzel- und Gruppentherapien waren sozusagen noch im Warmlaufmodus. Da ging es noch nicht richtig ans Eingemachte. Meine Ängste köchelten, waren aber auszuhalten. Es war, als ob sie durch die besondere Situation hier etwas überlagert wurden. Ich war wie entwurzelt, fand keinen rechten Zugang zu all dem um mich herum. »Hier bleibst du nicht lange«, dachte ich. »Es muss noch andere Wege geben.« Ich schien vergessen zu haben, wie dreckig es mir in den letzten Monaten vor meiner Einweisung gegangen war. Mit anderen Worten: Ich hatte mich für diesen Klinikaufenthalt entschieden, war anwesend, tat, was man von mir erwartete, war aber innerlich nicht bereit, mich auf all das wirklich einzulassen. Es war zu fremd, zu bedrückend, zu klinisch hier. Und das wirkte sich auch auf meinen Umgang mit den anderen Insassen aus. Eigentlich bin ich ein sehr kontaktfreudiger Mensch, aber anfangs interessierten mich die anderen Patienten nicht sehr. Ich würde ja bald Besuch von meiner Familie, Freunden und Kollegen bekommen. Das waren meine Leute und nicht die hier. Das waren Kranke wie ich. Leute, mit denen ich gezwungenermaßen einige Zeit verbringen würde und die ich danach nie wiedersehen würde. Ich hatte nicht vor, hier Freundschaften zu schließen. Wir hatten – das war anfangs meine Sicht – ja nichts miteinander gemein, außer, dass wir alle einen an der Waffel hatten. Erst später wurde mir klar, dass ich die anderen mit einer Mischung aus Angst, innerer Abwehr und Arroganz betrachtet hatte, die nicht nur völlig fehl am Platz, sondern auch sehr kontraproduktiv war. Natürlich hatte uns der pure Zufall hier zusammengewürfelt. Mich, den Journalisten, den Handwerker, den Beamten, die Hausfrau, den Arbeitslosen, die Studentin, den Verkäufer und viele andere. Ein Querschnitt durch die Gesellschaft, Menschen, die mit dieser Gesellschaft und dem Leben darin aus den verschiedensten Gründen nicht mehr klarkamen. Wir waren eine Schicksalsgemeinschaft. Das wurde mir aber erst nach und nach klar.

Es war die Langeweile, die mich zu den ersten Schritten trieb. Irgendwann hatte ich die Nase voll vom Gitarrespielen, vom Lesen und Ferngucken. Es gab Aufenthaltsräume in der Klinik, und da schaute ich dann mal vorbei. Es war seltsam. Ich kam mir dabei vor wie der schüchterne Neue in der Schule. Aber man sprach mich freundlich an, ich setzte mich an einen Tisch, und man redete. Es tat gut. Niemand erwartete hier von mir, gleich rhetorisch zu glänzen und den besseren Spruch zu bringen, wie es unter Journalisten üblich ist. Ich musste nicht performen, sondern nur ganz normal reden. Auch bei den Mahlzeiten wurde ich nun gesprächiger und begann mich mehr für die anderen zu interessieren. Deren Probleme kannte ich ja zum Teil schon aus der Gruppentherapie, hier lernte ich jetzt die Menschen außerhalb ihrer Störung kennen. Die meisten waren ja schon länger hier, und ich realisierte, dass sich natürlich auch in der Klinik Leute zusammentaten, die miteinander etwas anfangen konnten.

Es gab zum Beispiel eine so genannte Kaffeerunde. Das waren acht bis zehn Leute, die sich oft nachmittags oder am frühen Abend nach den Einzel- und Gruppentherapien in einem kleinen Gartenlokal in der Nähe trafen, wo man prima draußen sitzen konnte. Natürlich konnte da jeder hingehen, aber unsere Kaffeerunde hockte immer in einer bestimmten Ecke an einer Art Stammplatz und wirkte wie eine verschworene Gemeinschaft. Sehr oft nach den therapeutischen Sitzungen verschwanden die einzelnen Mitglieder in Richtung Gartenlokal. Einmal unterhielt ich mich gerade mit einer Frau, die auch auf meiner Station war, als sie unvermittelt auf die Uhr sah und sagte:»Oh, sorry, ich muss los zur Kaffeerunde.«»Na, dann viel Spaß«, antwortete ich. Sie nickte und ging. Ich blieb leicht bedröppelt zurück. Was war denn das jetzt? Ich war tatsächlich enttäuscht, dass sie mich nicht gefragt hatte, ob ich mitkommen wolle. Ich *wollte*, dass sie mich fragte. Ich war ganz offensichtlich bedürftig, wollte sozusagen auch im Sandkasten mitspielen. Hätte mir ein paar Monate zuvor jemand gesagt, dass ich mir inständig wünschen würde, mit einer Gruppe psychisch Kranker in einem schnöden Ausflugslokal zusammen Kaffee zu trinken und Kuchen zu essen – ich hätte ihn für verrückt erklärt. Aber genau so war es. Ich dachte:»Ey, Mann, du bist zwar bescheuert, aber doch eigentlich ein ganz cooler Typ mit einem interessanten Beruf. Die *müssen* dich doch fragen.« Das taten sie auch. Aber nicht, wann ich es für angemessen hielt, sondern zwei Wochen später. Ich freute mich. Irre, wie schnell man von seinem hohen Ross runtergeholt werden kann.

Nach und nach gewöhnte ich mich also an die anderen, verabredete mich ab und zu mit Leuten auf ein Bier draußen (was eigentlich verboten war, aber das wurde von allen ignoriert) und war bereit, mich als Teil einer großen Gruppe zu verstehen. Einer Gruppe von Leuten, die miteinander verband, dass jeder Einzelne Hilfe brauchte. Und ich wurde festes Mitglied der Kaffeerunde und entschied fortan mit, wen man dazubitten wollte. Ich gehörte nun dem Adel unter den Beknackten an. Es hätte nicht viel gefehlt, und ich hätte mir ein T-Shirt mit dem Aufdruck»Kaffeerunde forever« machen lassen. Ich suchte also nach anfänglichem Fremdeln und bescheuerter Hochnäsigkeit Nähe zu den anderen – und fand sie. Das half, sich nicht mehr so allein zu fühlen. Denn abends, wenn jeder auf sein Zimmer ging, und nachts, wenn man mit seinen eigenen Dämonen kämpfte, war man schon einsam genug.

*

Unsere verschworene Gemeinschaft

Tagsüber außerhalb unserer Therapiegruppen gingen wir beinahe ganz normal miteinander um. Wer uns draußen in dem Gartenlokal zusammen sah, wäre wohl nicht auf die Idee gekommen, dass hier eine Gruppe psychisch Kranker zusammensaß. Eine Ausnahme bildeten die schwer Depressiven. Die kriegte man nur mit größter Mühe dazu, sich überhaupt zu irgendetwas aufzuraffen. Und wenn, saßen sie meist wie hingegossen neben uns und schienen irgendwie gar nicht richtig da zu sein. Was aber nicht heißen soll, dass wir anderen dauernd Bombenlaune hatten oder uns entspannt fühlten. Wir ließen uns unsere Ängste, Zwänge und Grübeleien nur nicht anmerken. Wir hatten alle gelernt, uns gut zu verstellen, nach außen hin ganz normal zu wirken. Man funktioniert halt. Deshalb ist es ja für viele auch so schwer zu verstehen, wenn ihnen Freunde oder Kollegen sagen, dass sie große psychische Probleme haben. »Das habe ich ja gar nicht gemerkt«, hört man oft. Oder »Ja, du bist stiller geworden, aber dass du solche Probleme hast, hätte ich nicht gedacht«. Fast hat man das Gefühl, dass einem keiner glaubt, wenn man nicht vorher wochenlang schreiend und klagend durch die Gegend gelaufen ist. Die Hölle im Kopf sieht man halt nicht. Das ging auch den Anwohnern rund um die Heilberg-Klinik so. Die Patienten erschienen ihnen nicht als besonders auffällig. Trotzdem konnte es vorkommen, dass einer von uns mitten in einer Kaffeerunde draußen unvermittelt in Tränen ausbrach. Dann hielt die Fassade nicht mehr. Aber was in einem normalen Umfeld für Befremden gesorgt hätte, war hier unter uns Patienten ganz normal. Das konnte jedem von uns passieren. Keiner schüttelte den Kopf oder sah betreten weg. Man nahm den Weinenden einfach in den Arm und wartete, bis er oder sie sich wieder beruhigt hatte. Und dann wurde weiter Kuchen gegessen.

Ich begann mich also einzugewöhnen. Das half. Aber ich war immer noch oft sehr traurig und schlief schlecht. Und ich hatte Angst, was die Therapie wohl mit mir machen würde. Ich wusste ja, dass man mich hier nicht schonen würde. Ich kannte den therapeutischen Grundsatz: »Der Weg aus der Angst geht durch die Angst.« Ich würde mich hier meinen größten Ängsten stellen müssen.

Nach ein paar Wochen lag eines Morgens ein Brief in meinem Postfach im Empfangsbereich der Klinik. Ich machte ihn auf und fand darin eine DIN-A4-Seite, auf die ein Foto von Gesa und den Jungs geklebt war. Daneben hatte Gesa »Halt durch!!!« geschrieben, und die Jungs hatten kleine Zeichnungen von sich gemalt. Henri, damals in der zweiten Klasse, schrieb: »Papa, wir vamissn dich«.

Ich fing an zu heulen.

Mal wieder.

*

Gesa und die Jungs endlich wiedersehen

Am dritten Wochenende durfte ich dann für zwei Tage nach Hause. Es war eine längere An- und Rückreise, aber ich freute mich riesig, Gesa und die Jungs endlich wiederzusehen. Trotzdem war es seltsam zu Hause. Alles war so vertraut. Das hier war mein Leben. Hier gehörte ich hin, hier wollte ich sein. Aber ich wusste: Um das wieder genießen zu können, hatte ich noch einen langen Weg vor mir. Ich war zu Hause und irgendwie doch nicht. Es war eine Art Fronturlaub. Ich war ein Patient im Kampf mit seiner Krankheit. Gesa und ich wussten: Schon Montag früh würde ich wieder zurück in die Klinik fahren. Der alte Kester, der Ehemann und Vater, der Freund und Kollege, wartete irgendwo in mir. Aber ich musste ihn wieder freigraben, ihn befreien von diesem Panzer aus Angst, Zwang und Depression.

Gesa und ich versuchten, uns so normal wie möglich zu benehmen und die Klinik so wenig wie möglich zu thematisieren. Allein schon wegen der Jungs. Für sie war der Papa ja auf einer Kur und nun am Wochenende wieder für sie da. Zum Toben, Kuscheln und Geschichtenerzählen. Ich genoss das sehr, aber die Angst, womöglich nie wieder der Alte werden zu können, war ständig in meinem Kopf.

Vor allem fragte ich mich, wie lange Gesa das wohl alles aushalten würde. Wir waren schon achtzehn Jahre ein glückliches Paar, unsere Beziehung war gefestigt, und Gesa hatte immer zu mir gehalten und alles mit bemerkenswerter Stärke ausgehalten, was ich ihr bisher zugemutet hatte. Aber natürlich belastete sie meine Krankheit. Ich war ziemlich oft nicht mehr der, den sie geheiratet hatte. Aber sie hoffte inständig, dass ich der eines Tages wieder werden würde und glaubte fest daran, wie sie mir bei unseren vielen Gesprächen sagte. Das gab mir viel Kraft. Und trotzdem fragte ich mich: Und was, wenn nicht? Was, wenn der alte Kester nie mehr zurückkehren würde? Solche Gedanken rissen mich dann noch tiefer in die Depression.

Aber was blieb mir übrig? Ich konnte nur kämpfen, und das wollte ich tun. Also gab ich mir Mühe, wenigstens bei meinen Heimaturlauben nicht zu jammern und ein bisschen wie früher zu sein. Und manchmal klappte das sogar. Es gab Momente, da konnte ich kurz vergessen, wie dreckig es mir eigentlich ging.

Wir trafen an den Wochenenden auch Freunde und gingen auf Partys und zu Essenseinladungen. Der engste Freundeskreis wusste Bescheid. Thema war mein Klinikaufenthalt auf meinen Wunsch aber nicht. Ich wollte eine Auszeit vom ewigen Reden über meine Probleme. Ich wollte Normalität simulieren, spüren wie das Leben ohne Angst sein könnte.

*

Meine Leidensgenossen

Ich war also der Erste in der Gruppentherapie, der sich vorstellen und über seine Probleme reden sollte. Ich begann zu erzählen. Die anderen hörten aufmerksam zu und nickten ab und an. Sie kannten die Mechanismen. Das auslösende Moment, die Verzweiflung und die Depressionen. Keiner machte irgendeine blöde Bemerkung oder so. Jeder schien zu verstehen. Meine Beklemmung schwand etwas. Frau Sommer stellte noch ein paar Fragen, dann war ich fertig. Ich entspannte mich merklich, fremdelte aber immer noch ein wenig damit, mit anderen, mir völlig unbekannten Leuten über meine Probleme zu reden. Ich war froh, dass keiner mich direkt etwas fragte.

Joachim

Joachim, der kräftige junge Mann, war als Nächster dran. Er sprach sehr leise, was ein seltsamer Gegensatz zu seiner eindrucksvollen Statur war. Eine Maus im Körper eines Kraftsportlers. Joachim litt, ebenso wie ich, an krankhafter Angst. Und sie hatte einen Namen: Keime. Ich war ja schon gut darin, mir einzubilden, dass krankmachende Substanzen in meinen Körper eindringen können. AIDS-Erreger etwa. Oder Radioaktivität. Aber Joachim war perfekt. Seine Bakterienphobie hatte ihn total im Griff und bestimmte sein ganzes Dasein. Die Angst war konkret und doch wieder diffus. Er wollte um jeden Preis den Kontakt mit Krankheitserregern verhindern, aber vor welcher Krankheit genau er sich fürchtete, konnte er nicht sagen. Es ging ihm nur darum, dass »nichts in ihn eindringen« konnte. Er benahm sich wie ein Protagonist aus einem Alien-Horrorfilm. Alles um ihn herum schien bedrohlich, die Gefahr hockte überall. Keime an fremden Händen, an Türgriffen, in Toiletten, an der Wäsche. Sein Zimmer war eine Festung. Er bestand darauf, es selber zu reinigen. Überall standen Flaschen mit Desinfektionsmitteln herum. Joachim berührte niemanden. Er aß nur Erhitztes, trank nur aus Flaschen, die von ihm persönlich geöffnet worden sein mussten. Er ließ sich von seiner Familie originalverpackte, in Plastik eingeschweißte Kleidung liefern, die er dann vorsichtig auswickelte und anzog. Nur so schien aus seiner Sicht die Keimgefahr einigermaßen gebannt zu sein. Man konnte seine Wäsche gegen eine Gebühr im Haus waschen lassen und sie dann abholen. Aber die Vorstellung, dass jemand mit womöglich ungewaschenen Händen seine Sachen zusammenlegte und in eine Türe steckte, war ihm unerträglich.

Das alles erfuhren wir allerdings erst nach und nach. In der ersten Gruppentherapie sprach Joachim nicht viel und ließ eher die Therapeutin reden, die ihm jedes Wort aus der Nase ziehen musste. Man merkte, dass er sich schämte. Erst, als er gefragt wurde, was er beruflich machte, taute er etwas auf und erzählte, dass er die IT-Abteilung in einem großen Unternehmen leitete. Außerdem war er ein erfahrener Hobbyboxer. Eigentlich also ein richtiger Kerl. Aber er hatte schon Monate keine Sporthalle mehr von innen gesehen. Allein die Vorstellung, seinen schwitzenden Gegner zu berühren oder von ihm mit dessen unsauberen Handschuhen getroffen zu werden, erfüllte ihn mit Grausen. Alles keimverseucht. Joachim war ein Kraftpaket, das sich vor angeblich bedrohlichen Kleinstlebewesen fürchtete. Es schien absurd, aber Joachims Angst war erschreckend real. Man konnte sie förmlich um ihn herum wabern sehen.

Manuela

Als Nächste war meine »Erstbetreuerin« Manuela dran. So aufgeräumt sie mir bei unserer ersten Begegnung auch erschienen war – hier erfuhr ich, dass sie unter Depressionen litt, ständig Heulattacken hatte und deshalb schon mehrere Jobs und ihren Freund verloren hatte. Sie habe schon mehrfach an Suizid gedacht, es aber bisher nie wirklich versucht. Mittlerweile, erzählte sie, habe sie jedes Selbstvertrauen verloren und habe große Angst vor der Bewertung anderer. Sie könne sich aber oft ganz gut verstellen. Hier in der Klinik fühle sie sich sehr wohl und irgendwie aufgehoben. Wie in einem Sicherheitsrahmen. Frau Sommer nickte. Das kannte sie – Patienten, die sich inmitten anderer Kranker entspannten und sicher fühlten. Die Welt da draußen war ja weit weg.

Holger

Holger, der neben Manuela saß, war ein klassischer Zwangspatient. Ein »Zwängler«, wie sie in der Klinik genannt wurden. Sein Leben bestand aus Kontrollen und Nachkontrollen und Kontrollen der Nachkontrollen. Er war die beinahe schon absurde Variante eines Kontrollfreaks. Bevor er sich in die Heilberg-Klinik hatte einweisen lassen, war er schon um fünf Uhr morgens aufgestanden, weil er sonst für seine Zwangsrituale nicht ausreichend Zeit gehabt hätte. Er brauchte Stunden, um sich zu überzeugen, dass der Herd auch wirklich aus war, die Kerze des Stövchens für den Tee auch wirklich ausgepustet und die Tür auch garantiert abgeschlossen war. Seine Frau und er lebten längst getrennt. Erst hatte sie noch mitgemacht und jeweils geduldig im Auto gewartet, wenn er noch mal ausstieg und an der Haustür rüttelte oder durchs Küchenfenster auf den Herd starrte, ob auch wirklich alle Schalter auf null standen. Stets murmelte er dabei: »Null, null, null, null.« So als ob er eine Beschwörungsformel aufsagen würde, die das Gesehene absicherte. Aber als Holger dann anfing, nach zehn Minuten Fahrt noch einmal umzudrehen und nach Hause zu fahren, um erneut zu kontrollieren, ob der Herd auch wirklich aus war, da reichte es seiner Frau. Zumal er nach so einer erneuten Kontrolle sicher war, dass er nun »in der Hektik« die Haustür nicht abgeschlossen hatte und leider noch einmal zurückmüsse. Das klingt in den Augen normaler Menschen skurril und völlig abgedreht. Und das ist es ja auch. Für einen Zwangskranken ist es jedoch bitterer Ernst. Er sieht die unverschlossene, nur angelehnte Tür, die der Wind immer weiter aufdrückt, deutlich vor seinem geistigen Auge. Er ist sich beinahe sicher, dass er im Weggehen mit der Hand doch gegen den Schalter gestoßen ist und eine Herdplatte angestellt hat, die jetzt rotglühend die Küche aufheizt und den Topf nebenan mit den kalten Kartoffeln zum Brennen bringt. Er oder sie *muss* einfach noch einmal nachsehen und sich überzeugen, dass keine Gefahr droht. Eine gemeine, übermächtige Kraft zwingt die Kranken zu dieser Handlung. Nur so kommen sie vorübergehend zur Ruhe. Bis die Unsicherheit sich wieder aufbaut und der Zwang umso stärker zurückkehrt.

Ina

Die Nächste aus unserer Gruppe litt unter einer anderen Zwangsform. Ina war das, was man umgangssprachlich »Messie« nennt. Ihre Freunde hatten sie irgendwann aus ihrer total vermüllten Wohnung geholt und zu einem Arzt gebracht. Sie konnte einfach nichts wegschmeißen. Ina hatte in ihren eigenen vier Wänden ein perfektes System aus übereinandergestapelten Kisten und Tüten erschaffen, die sie nach und nach mit Alltagsgegenständen befüllte: Zeitschriften, Verpackungen, Zettel, Notizbücher, Geräte aller Art, Kleidung – alles wurde aufbewahrt und verstaut. Irgendwann führten nur noch schmale Gänge zur Küche, ins Bad oder ins Schlafzimmer. Das *Ärzteblatt* verglich ein derartiges Gangsystem einmal mit den »Bauten von Nagetieren«. Ina wusste, dass es nicht normal war, was sie machte. Sie schämte sich und konnte doch nicht anders. Der Gedanke, eine der Kisten oder Tüten wegzuschmeißen, erfüllte sie mit namenlosem Entsetzen.

Mark

Der als Nächster dran war, saß auf seinem Stuhl wie ein Häufchen Elend und schwieg erst einmal. Ich hatte ja schon beim ersten Frühstück bestaunen können, wie sehr ein Mensch schon mit den einfachsten Dingen überfordert sein kann. Schließlich raffte Mark sich auf und erzählte, dass er depressiv sei und jeden Antrieb verloren habe. Zudem sei er sozusagen krankhaft entscheidungsschwach und meist schon mit den einfachsten Aufgaben überfordert. Frau Sommer bat ihn, das Gesagte noch zu präzisieren. »Was hindert dich, Dinge einfach zu tun?«, fragte sie. »Alles hindert mich«, antwortete Mark und sank noch weiter in sich zusammen.

5. IN DER KLAPSE **97**

Ecki

Dann übernahm Ecki, der rastlose Sozialphobiker.»In der Klinik fühle ich mich gut. Also hier bei euch«, sagte er.»Aber da draußen ... ich weiß nicht, aber ich denke immer, dass mich alle anstarren und denken, was für ein Idiot ich bin.«

Ich hörte ihn reden und dachte:»Na ja, so ganz falsch liegt der Mann ja nicht.« Sofort hatte ich – zu Recht – ein schlechtes Gewissen.

»Ich bin immer so verkrampft«, fuhr Ecki fort.»Ich habe Angst vor den anderen. Ich kann einfach nicht anders. Es ist die Hölle für mich, irgendwo hinzugehen und irgendwas zu sagen, irgendwas zu wollen.«

Er schwieg. Frau Sommer nickte und sagte:»Danke, Eckart, dass du den Neuen dein Problem hier so gut erklärt hast. Denk mal dran, wie das hier am Anfang in der Gruppe war. Da hast du kein Wort rausgekriegt. Das ist doch schon ein schöner Fortschritt.«

Ecki lächelte und sah zu Boden.

Lisbeth

Alle sahen nun Lisbeth an. Die Letzte aus unserer Runde, die sich erklären sollte. Ich frage mich, ob sie wohl ihren Spitznamen kannte: die Wanderhure. Eigentlich passte diese Art von bösem Sarkasmus gar nicht zu den anderen, die nach meiner bisherigen Erfahrung immer sehr respektvoll miteinander umgingen. Aber ich lernte schnell, dass diese Art von Witzen nicht böse gemeint war, sondern vor allem eine Art Galgenhumor darstellte, um sich gegenseitig ein bisschen aufzuziehen und auch mal ironische Distanz zum allgegenwärtigen Leid zu schaffen, wann immer das ging. Lisbeth aber war so sensibel, dass man sich geeinigt hatte, sie nicht durch Frotzeleien zusätzlich zu verunsichern.

Sie sagte dann auch jetzt hier in der Gruppe nicht sehr viel, rieb ihre Hände langsam auf ihren Oberschenkeln hin und her und atmete schneller. Ihr Blick suchte einen imaginären Punkt an der Wand, und ganz leise erzählte sie dann in knappen Worten von ihrer allgemeinen Angststörung. Der Furcht vor allem und jedem, die sie ständig im Griff hatte und die ihr Leben auf ein Dasein in ganz persönlichen Schutzräumen reduziert hatte, die sie rastlos durchschritt, schlaflos, angespannt und hilflos. Sie hatte ihren Job verloren, lebte allein, ging nie aus und hatte schon zwei Suizidversuche hinter sich. Sie war mit Abstand diejenige von uns, über die sich die Therapeuten am meisten Sorgen machten, wie ich später erfuhr.

Lisbeth schwieg nun. Manuela berührte kurz ihren Arm und lächelte ihr zu. Frau Sommer sagte: »Danke, Lisbeth. Schön, dass du es geschafft hast, dich ein wenig zu erklären.«

Die Vorstellungsrunde war zu Ende. Ich sah die anderen verstohlen nacheinander an. Was empfand ich für diese Menschen? Ich wusste es nicht. Einige fand ich seltsam. Den nervösen Holger etwa oder Mark, der mich in den ersten Gruppensitzungen beinahe in den Wahnsinn trieb, weil er so entscheidungsschwach war, dass er noch nicht mal seine Sätze beenden konnte. So, als ob er auch darüber nachgrübeln müsse, ob er dieses oder besser jenes Wort benutzen solle. Seine schleppende Sprache war gespickt mit »Ähs« und endlosen Pausen. Er machte mich aggressiv. Genau wie Lisbeth, die ich manchmal gern geschüttelt hätte, um sie aus ihrer lähmenden Lethargie zu holen. Manuela war mir sympathisch. Ina war mir gleichgültig. Joachim konnte ich anfangs nicht einschätzen. Die Diskrepanz zwischen dem Boxer mit dem Traumkörper und seiner mentalen Hilflosigkeit irritierte mich. Das war natürlich albern. Ich wusste ja, dass psychische Störungen jeden treffen können: Männer, Frauen, Kinder, Große, Kleine, Dicke, Dünne, Reiche und Arme, Kraftpakete und Hänflinge wie mich. Es war völlig idiotisch zu denken, dass ein Kerl wie er doch besser mit seinen Ängsten klarkommen müsste. Trotzdem hatte ich diesen Gedanken. Warum auch immer. Vielleicht, weil er so aussah, wie ich immer gern sein wollte.

Frau Sommer sprach nun von der Nützlichkeit einer Gruppentherapie. Ich hörte kaum zu. Meine kleine Bewertungsrunde im Kopf hatte mir gezeigt, dass ich massiv fremdelte. Ich fand es eigentlich blöd, hier mit diesen Leuten zu sitzen. Ich wollte, dass man mir half, aber ich wollte nicht an der Therapie anderer teilnehmen und mir anhören, was die für Probleme hatten. Erst nach einigen Wochen begriff ich, dass genau das Teil des Heilungsprozesses werden würde. Anfangs dachte ich: »Mann, ich will gesund werden, und jetzt sitze ich hier mit depressiven Fliesenlegern und arbeitslosen Finanzbeamten und hör mir deren Gesülze an.« Doch diese Arroganz sollte mir schnell vergehen. Ich wollte mir nur nicht eingestehen, dass ich einer von ihnen war, nichts Besseres und nichts Schlechteres. Nur ein Kranker unter anderen Kranken, der Hilfe brauchte.

Erst als ich das akzeptierte, war ich offen genug, mich einzubringen, mitzumachen und zu lernen. Ich hatte hier sozusagen einen neuen Job: Mit-Therapeut.

Schon nach zwei Wochen ging ich gern in die Gruppentherapie. Ich empfand schnell ein Gefühl von Aufgehobensein, von Solidarität, Gemeinschaft und Trost. Einigen der anderen kam ich schnell näher, manche der anderen nervten mich weiter. Egal. Das hier war jetzt sozusagen mein neues Ressort. Hier gab es einiges zu tun. Und jeder musste mitgenommen werden, egal, wie sehr einem der eine oder die andere gelegentlich auf den Sack ging. Manche weinten mir zu viel, aber dann half ich eben, sie zu trösten. Einmal flennte ich selber in der Gruppe. Egal. Dann trösteten sie diesmal eben mich. Geteiltes Leid ist halbes Leid. Man verstand einander, half einander. Dieser Effekt ist vielleicht der größte Trumpf eines stationären Aufenthalts. Du bist unter Leuten, die wie du sind. Du bist nicht mehr allein. Und keiner sagt: »Mensch, jetzt reiß dich doch mal zusammen. Du spinnst doch.« Sondern man hört eher so etwas: »Weine ruhig. Ist ja gut. Ich verstehe dich, aber jetzt lass uns weiter dran arbeiten, dass der Scheiß aufhört.«

Frau Sommer hatte die Gruppe gut im Griff. Sie holte alle ins Gespräch, war geduldig, manchmal auch streng, und wir begannen uns unter ihrer Leitung gegenseitig zu therapieren. Wir erkannten Muster, Gemeinsamkeiten, Unterschiede, konnten Erfahrungen austauschen, und wir lernten auch, uns gegenseitig bei so genannten Expositionen zu unterstützen – eine etwas schönere Umschreibung für das, was man auch Konfrontationstherapie nennt, also die gewollte Begegnung mit der Angst. Diese gemeinsamen Übungen gehörten zum Skurrilsten und Emotionalsten, was ich in der Heilberg-Klinik erlebt habe. Dazu später mehr.

Die Gruppentherapie half, aber zum Kern meiner Ängste drang ich dort nicht vor. Manches konnte ich nicht formulieren, anderes war mir zu intim. Richtig zur Sache ging es dann erst in der Einzeltherapie bei Frau Dietrich.

*

Laufen mit Kalle

Mein Therapieplan sah vor, dass ich zweimal in der Woche morgens um acht Uhr mit einer Laufgruppe joggen sollte. Angeleitet wurde sie von einem Diplomsportler namens Kalle, der auch für das gesamte Sport- und Fitnessprogramm in der Klinik zuständig war. Kalle war das fleischgewordene Klischee eines Trainers: muskulös, drahtig, laut und zupackend. Er sah sich bei unserem ersten Treffen die rund zehn müden Hirnis, die man zum Laufen verdonnert hatte, mitleidig an und verordnete uns erst einmal ein kleines Dehn- und Aufwärmprogramm. Seine Kommandos kamen wie Pistolenschüsse aus seinem Mund, den ein kleiner Schnauzer zierte. Sein Trainingsanzug war giftgrün. Um seinen kräftigen Hals hing eine Pfeife. Er hatte einen großen Adamsapfel. Ich musste an meine leicht sadistischen Sportlehrer aus der Schulzeit denken und bekam schlechte Laune. Dann liefen wir los in den Wald.

Die Vögel zwitscherten. Die Sonne kam durch. Das Tempo war okay, und meine Stimmung verbesserte sich. Kalle lief mal neben jedem von uns und gab Tipps für eine bessere Technik. Mir empfahl er, anders aufzutreten, was mich natürlich sofort durcheinanderbrachte. Ich war froh, dass er dann meinen Vordermann zutextete, dessen Schuhwerk er für komplett untauglich erklärte. Nach einer halben Stunde waren wir wieder an der Klinik. »Übermorgen reden wir mal über die richtigen Laufschuhe«, rief Kalle. »Ein paar von euch haben Treter wie aus der Nachkriegszeit.« Dann entließ er uns.

Ich lief hoch in mein Zimmer, duschte und beschloss auf dem Weg zum Frühstück, die nächste Laufgruppe zu schwänzen. Und auch alle danach.

Aber nix da. Kaum hatte ich beim nächsten Lauftraining unentschuldigt gefehlt, da nahm mich Frau Dietrich in der Einzeltherapie ins Gebet. »Ich sehe hier«, sagte sie und schaute auf einen Zettel, »dass Sie nicht in Ihrer Jogginggruppe waren. Warum?«

»Mir war nicht danach«, antwortete ich.

»So geht das nicht«, sagte sie. »Was auf Ihrem Therapieplan steht, muss gemacht werden. Ich bitte Sie, das ernst zu nehmen.«

Ich schwieg überrascht angesichts von so viel Strenge und murmelte dann: »Okay, ist angekommen.«

Und so blieb ich erst einmal in der Jogginggruppe und ließ mich von Kalle schleifen. Ist mir, ehrlich gesagt, nicht schlecht bekommen, auch wenn ich ihn immer noch für einen Sport-Simpel halte. Später durfte ich dann statt des Joggens eine Art freies Sportprogramm in einer Halle wählen. Da konnte ich dann Badminton spielen (die einzige Sportart, die ich einigermaßen gut beherrsche) oder andere Ballsportarten betreiben. Am besten gefiel mir eine Art Hockey, bei der man mit einem Schläger einen sehr weichen Ball ins andere Feld schlagen konnte. Ich lernte das schnell und drosch wie ein Irrer auf den Ball ein, sodass sogar Kalle anerkennend nickte. »Da sind aber 'ne Menge Aggressionen im Spiel«, rief er lachend. Recht hatte er. Tief drinnen in mir köchelte eine Wut auf alles um mich herum. Ich wollte hier nicht sein. Ich wollte nicht krank sein. Ich wollte nicht tun, was andere mir sagten. Und doch gab es keine Alternative. Also ließ ich meinen Zorn an dem großen, weichen Ball aus. »Komm her, du Sau«, murmelte ich und hielt mit voller Wucht drauf.

*

5. IN DER KLAPSE

Besuche

Ich bekam natürlich auch Besuch in der Klinik. Gesa kam regelmäßig vorbei, und wir versuchten, diese Zeit zu zweit irgendwie zu genießen, so gut es eben ging. Wir gingen Kaffee trinken, spazierten durch den nahegelegenen Wald oder saßen bei gutem Wetter auf einer Decke im großen Park der Klinik. Ich erzählte, was in der Klinik so passierte, und Gesa erzählte von zu Hause, von den Jungs, von Freunden und Verwandten. Wir taten dann so, als ob das Ganze hier nur eine Episode war, nach der dann alles gut oder zumindest deutlich besser sein würde. Aber ich war mir da überhaupt nicht sicher.

Natürlich brachte Gesa auch mal unsere Jungs mit. Wir trafen uns dann in einem Café, weil ich nicht wollte, dass Henri und Hannes die Klinik sahen. Dann gab es Kuchen oder Eis, und wir waren für kurze Zeit wieder eine Familie auf einem Nachmittagsausflug. Ich riss mich zusammen, unterhielt meine geliebten Knaben mit Scherzen, so gut ich konnte, und hatte hinter der Clownsfassade doch wahnsinnige Angst, dass ich nie wieder wie früher sein würde.

Auch Freunde und Kolleginnen und Kollegen besuchten mich. Das tat immer gut. Rumblödeln, über die Redaktion reden. So tun, als ob nichts wäre. »Wenn du erst wieder da bist ...«, begannen die Sätze oft. Mir lief es kalt den Rücken runter. Was, wenn nicht?

Ein paar Freunde kamen nicht. Das verletzte mich. Besonders weh tat, dass ein wirklich guter, alter Freund mich während meines ganzen Klinikaufenthalts nicht ein Mal besuchte oder sich zumindest mal meldete. Er konnte mit der Situation offenbar nicht umgehen. Ich verzieh ihm. Wir sprachen später nie darüber, aber ich merkte, wie unangenehm es ihm war, dass er mich damals so hatte hängen lassen. Am Ende ist es sogar besser, wenn man von Leuten, die mit der Situation total fremdeln, *nicht* besucht wird. Man kennt das ja von Besuchen im Krankenhaus, wenn da Leute auf einem Stuhl vor einem Bett sitzen, mühsam Konversation machen und auf ihrer Stirn dabei in dicken Lettern steht: *Ich will hier weg!* Am Ende sind alle erleichtert, wenn's vorbei ist.

*

Wir tasten uns ran

Während der Einzeltherapiesitzungen saß ich bei Frau Dietrich im Zimmer und erzählte mein Leben. Sie machte sich Notizen. Alle Therapeuten machen sich andauernd Notizen. Das kann einen wahnsinnig machen. Man fragt sich dauernd: Was schreibt die oder der da jetzt auf? War das irgendwie wichtig, was ich gerade erzählt habe? Habe ich was Erhellendes gesagt? Oder was Blödes? Oder hat mein Therapeut da gerade nur aufgeschrieben, dass er oder sie noch Baguette einkaufen muss? Man weiß es nicht. Man muss sich einfach daran gewöhnen, dass sie dauernd mitschreiben, und es irgendwann ignorieren. Die Herrschaften können sich ja schließlich nicht das komplette Gesülze merken, das ihre Patienten ihnen so tagtäglich unterbreiten.

Frau Dietrich fragte ab und an mal nach, wollte mehr über den Beginn meiner Ängste wissen und ließ sich genau schildern, was in meinem Kopf ablief, wenn mich die Befürchtungen packten. Vor allem wollte sie wissen, was ich dann tat, um weniger Angst zu haben. Also schilderte ich all meine Körperkontrollen, Reinigungsrituale und Vermeidungsreaktionen, und wir begannen sie systematisch aufzuschreiben und zu klassifizieren. Wann wurden welche Ängste wodurch ausgelöst? Wie lange hielten die Befürchtungen an? Welche waren besonders schlimm, welche weniger? Was reduzierte, was verstärkte die Ängste? Wen bezog ich in meine zwanghaften Rituale ein? Von wem ließ ich mich außer von Ärzten beruhigen? Was waren nur Gedanken? Was tat sich körperlich?

Nach und nach isolierten wir verschiedene Bereiche und bauten daraus eine Art Programm, wie genau ich in Zukunft mit Angstattacken umgehen sollte. Es ging vor allem darum zu lernen, Dinge auszuhalten. Etwa, wenn ich beim Einseifen unter der Dusche mal wieder gefühlt haben wollte, dass da »etwas war«, ein Knoten etwa. Dann sollte ich nicht noch mal minutenlang zwanghaft tasten und fühlen, bis ich fast durchdrehte, sondern sofort abbrechen und die Unsicherheit aushalten. Das war hart, aber ich zog es durch. Und tatsächlich reduzierte sich in vielen Fällen die Angst, wenn ich nichts tat, sondern einfach aushielt, was an Gefühlen hochkam, und mich »normal« verhielt.

Wir sprachen aber auch über mein sonstiges Verhalten. Frau Dietrich wollte wissen, wie ich im Job zurechtkam, ob ich mich mit den Kolleginnen und Kollegen verstand etc. Im Grunde ging es ihr darum zu verstehen, wie meine generelle Einstellung zum Leben aussah, wie ich »so drauf war«, würde man umgangssprachlich sagen. Das führte einmal zu einer sonderbaren Situation. Frau Dietrich bestand ja darauf, dass ich keinerlei Termine auf meinem Plan schwänzte. Da war sie unerbittlich. Auch die Sport- und die Gestaltungstherapie seien wichtige Bausteine. Aber gerade die Gestaltungstherapie fiel immer mal wieder ersatzlos aus, weil die Personaldecke da dünn war. Oft erfuhren wir das erst, wenn wir schon im entsprechenden Raum saßen und warteten. Irgendwann kam dann eine Therapeutin, die nebenan einen Kurs gab, zu uns, um uns zu informieren. »Sie können gehen«, hieß es dann. »Susanne ist krank.« Wir dackelten dann wieder raus, und ich fragte mich, warum die Dame den doch so wichtigen Kurs dann nicht mal eben ausnahmsweise zusätzlich mitbetreute. Uns zu sagen, dass wir was malen sollen, erschien mir nicht als hammerharte, unzumutbare Aufgabe. Aber das passierte nicht. Man schickte uns wieder weg. Ich fand das blöd. Und noch blöder fand ich, dass die Privatpatienten mehr Einzeltherapiestunden als wir Kassen-Dödel hatten. Beides erzählte ich mal Frau Dietrich in einer unserer Stunden. Sie hörte sich meine kleine Klage an und fragte dann: »Regen Sie sich eigentlich immer so schnell auf? Fühlen Sie sich schnell ungerecht behandelt?« Ich zuckte innerlich zusammen. Sie sah meine Kritik offenbar als Teil meiner Krankheit. So schnell konnte also aus einer kleinen, sachlichen Beschwerde eine pathologische Handlung werden. Auf diese Weise konnte die Klinik natürlich jede Form von Kritik seitens der Patienten als krankheitsbedingt abkanzeln, dachte ich. Ich beschloss, mich zurückzuhalten. Ich wollte gesund werden und keine Revolution anzetteln.

Nach sechs Wochen in der Klinik bekam ich einen Brief von der Krankenkasse. In dem wurde ich darüber informiert, dass mein Arbeitgeber die Lohnfortzahlung wegen »Arbeitsunfähigkeit« nun fristgerecht eingestellt habe und ich ab sofort Krankengeld erhalten würde. Und zwar siebzig Prozent meines Bruttoeinkommens.

Dieser Brief schockierte mich zutiefst! Ich wusste, dass das passieren würde, aber es schwarz auf weiß zu lesen, war ein Schock. Denn es hieß: Mein Verlag bezahlte mich nicht mehr. Ich bekam kein Gehalt mehr, sondern war nun »Kunde« des deutschen Sozialsystems. Schön, dass es das gibt, aber ich war trotzdem bedrückt und fühlte mich als Opfer, als Bedürftiger, als Leistungsempfänger. Allein das Wort »Arbeitsunfähigkeit« in dem Schreiben zu lesen schockierte mich. Ich konnte für meinen Lebensunterhalt und den meiner Familie nicht mehr selber sorgen. Was für eine Demütigung! Ich saß auf meinem Bett in meinem Zimmer und fragte mich: Ist das jetzt das Ende? Mein Leben entglitt mir immer mehr. Ich hockte in der Klinik und wartete auf Genesung, trank Kaffee mit anderen, machte meine Therapiesitzungen, malte und joggte. Und draußen ging das Leben einfach weiter. Zu Hause und im Job – da war alles wie immer. Aber ich nahm nicht mehr teil. Ich war draußen, oder sagen wir besser: stattdessen hier drinnen im kleinen, engen Heilberg-Klinik-Universum. In der winzigen Galaxis der Beknackten. Und ich war einer von ihnen. Ich tat mir leid. Ich ahnte damals noch nicht, dass ich mich in Kürze noch sehr, sehr viel schlechter fühlen würde. Ich stand vor dem dunkelsten und tiefsten Abgrund meines Lebens.

*

Absturz

Es begann in einer meiner Therapiesitzungen mit Frau Dietrich. Immer wieder kreisten unsere Gespräche ja um meine Krankheitsängste, und sie fand, dass es nun an der Zeit sei, dem Tiger mal direkt ins Gesicht zu sehen. Sie gab mir ein medizinisches Lexikon. Für mich eine textliche Vorhölle. Da stand alles drin, vor dem ich mich fürchtete. Sie hatte einige Kapitel mit Zetteln markiert, die ich durchlesen sollte. Ich wusste: Die Lektüre würde dazu führen, dass ich beinahe alles, was dort stand, auf mich beziehen würde. Symptome, Warnzeichen, Diagnosen. Der Horror.

Ich nahm das Buch, setzte mich mit Herzklopfen daran und begann zu lesen.

Es war der nackte Horror. Krebs, AIDS, Entzündungen – eine Ansammlung von Bedrohungen. Siechtum, Schmerzen, Elend – jeden Tag musste ich mich damit auseinandersetzen. Ich schlief schlecht, aber ich hielt durch. Ich wollte es aushalten. Denn noch war alles, was ich las, irgendwie abstrakt. Es war eine Ansammlung von Möglichkeiten. Ich konnte mir immer sagen: Ja, das gibt es. Aber dieses Risiko haben doch alle.

Eines Tages las ich dann etwas, das mich völlig aus der Bahn warf. Ich will Sie, liebe Leserinnen und Leser, nun hier nicht mit medizinischen Themen langweilen und nerven. Und es wird mir trotz aller Ehrlichkeit, die ich hier an den Tag lege, in dieser Frage langsam auch etwas zu persönlich. Nur so viel sei gesagt: Ich stieß auf eine ernsthafte Krankheit, für die ich familienbedingt ein erhöhtes Risiko hatte. Ich hatte das nicht gewusst. Es traf mich wie ein Schlag. Ein ungeheurer Angstschub durchfuhr mich. Ich begann zu weinen. Mein Körper vibrierte. Es fühlte sich an, als ob mein Kopf platzen würde. Meine Ängste hatten einen konkreten Haken in der Realität gefunden. Da hatte ich es: schwarz auf weiß! »Das hätte nie passieren dürfen«, schrie es in mir! Nun gab es nichts anderes mehr. Nur noch die Angst!

Ich schlief in dieser Nacht keine Minute, warf mich hin und her, stand auf, ging zum medizinischen Dienst und bat um ein Beruhigungsmittel. Als sie dort merkten, wie schlecht es mir ging, gaben sie mir ein paar Tropfen in einem kleinen Becher. Das würde mich beruhigen. Es klappte mehr schlecht als recht, doch irgendwann im Morgengrauen fiel ich in einen kurzen, unruhigen Schlaf, um bald darauf wieder hochzuschrecken.

Am Vormittag des nun folgenden Tages bat ich Frau Dietrich um einen Extratermin. Sie rief mich in meinem Zimmer zurück, und ich schilderte ihr, wie schlecht es mir ging. Sie zögerte kurz und bot mir dann an, sie in einer Stunde für ein kurzes Gespräch aufzusuchen. Ob ich es denn so lange noch aushalten könne. Ich sagte ja und wartete. Weinend, verzweifelt. Zwischendurch rief ich Gesa an und schilderte ihr unter Tränen, was geschehen war. Sie versuchte, mich zu beruhigen. Was ihr nicht gelang. Für Außenstehende ist das Maß meiner Verzweiflung sicher kaum nachvollziehbar. »Normale« Menschen würden denken: »Mist, da gibt es ein erhöhtes Risiko. Wie gehe ich damit um? Was kann ich tun? Welche Art der Vorsorge? Und wo muss ich einfach akzeptieren, dass die Dinge so sind, wie sie sind?« Für einen Angstkranken wie mich sah die Sache viel dramatischer aus. Sie war eine Bestätigung aller vagen Befürchtungen. Ein Todesurteil. Die Hölle auf Erden. Weil ich sie in meinem Kopf dazu machte. Es war ein perfektes Katastrophenszenario. Es hämmerte förmlich auf mich ein: Du wirst krank. Alles ist vorbei. Du wirst nie mehr glücklich.

Ich war zutiefst deprimiert.

Frau Dietrich hörte mich an, schwieg kurz und sagte dann: »Damit müssen wir nun arbeiten.«

Ich begann zu weinen. Sie sagte: »Irgendwo in den Tiefen Ihres Kopfes wissen Sie, dass Sie maßlos übertreiben. Viele Menschen haben familiär bedingte gesundheitliche Risiken. Andere erkranken schwer, haben Unfälle. Es geht darum, damit richtig umzugehen. Sie denken jetzt, dass Ihnen diese Erkenntnis nicht hilft. Aber Sie werden sehen: Eines Tages werden Sie einen Weg finden, mit der Angst umzugehen. *Wir* werden diesen Weg finden.«

Ich hörte ihre Worte, aber sie erreichten mich nicht.

*

In der Hölle

Die folgenden Wochen waren die Hölle. Ich schlief kaum, weinte oft oder saß apathisch in meinem Zimmer und tat mir leid. Eine alles lähmende Depression hatte mich fest in ihren Klauen. Ich wusste nicht, was ich tun sollte. Frau Dietrich erinnerte mich, dass ich vor Beginn meiner Therapie gründlich medizinisch durchgecheckt worden war und es keinen Grund gäbe, jetzt derart verzweifelt zu sein. Ich sei körperlich gesund, und was morgen wäre, würde ohnehin niemand wissen. Ich aber konnte nur an baldiges Siechtum und meinen Sarg denken, vor dem ich Gesa und meine Jungs stehen sah. Keiner verstand mich. Freunde erklärten mir, dass ihr Vater oder ihre Mutter sehr früh an Krebs gestorben seien und sie auch allen Grund hätten, sich Sorgen zu machen. Aber mehr als Gottvertrauen zu haben und regelmäßige Checks bei Ärzten zu machen könnten sie halt nicht tun. Man müsse einfach sein Leben leben. Manchmal half mir das kurz. Aber schon wenig später war ich wieder völlig am Ende.

Es war ein krasser Gegensatz. Draußen in der Welt der Gesunden bezauberte alle ein Supersommer, und ich saß in der persönlichen Hölle meines Kopfes fest. In dieser Hölle tobte die Angst, quälten mich die Depressionen. Eine unsichtbare, aber feste Wand trennte mich vom normalen Leben, und ich konnte mir nicht mehr vorstellen, dieses Leben jemals zurückzubekommen. Wenn ich keine Therapie oder sonstige Aufgaben hatte, ging ich trotzdem raus in die Natur. In der Hoffnung, auch nur ein bisschen Frieden zu finden. Die Klinik lag in unmittelbarer Nähe eines Naherholungsgebiets. Wanderwege führten durch einen Wald, es gab bezaubernde Lichtungen und kleine Teiche, die man von Bänken aus beobachten konnte. Solche Plätze hatten mich bis dahin immer begeistert. Ich konnte früher stundenlang auf so einer Bank sitzen und das Leben in und am Wasser beobachten: Libellen, Frösche, Fische, Molche, Wasservögel – das hatte mich schon immer fasziniert und beruhigt. Wie eine Meditation. Jetzt saß ich an so einem schönen Platz und empfand nichts außer Traurigkeit. Es war, als ob all die schönen Bilder von einem Depressionsfilter dunkel eingefärbt würden. Eigentlich machte das die ganze Sache noch schlimmer; in der Klinik passte das Ambiente irgendwie zu meiner Stimmung, hier draußen traf mich die Erkenntnis, nicht mehr zur Welt zu gehören, umso härter.

Trotzdem versuchte ich es immer wieder. Ich kam mir vor wie einer dieser Zombies aus Horrorfilmen, die auch als Untote immer an den Ort ihres früheren Lebens zurückkehren, weil sie eine dumpfe Erinnerung an etwas empfinden, das ihnen einmal etwas bedeutet hat. Manchmal hockte ich dann allein auf einer Bank und weinte hemmungslos. Es war irrwitzig. Ich war körperlich gesund. Zu Hause wartete meine Familie. Alles, was mich quälte, war »nur« in meinem Kopf, waren Projektionen, diffuse Ängste, aber ich saß da und heulte wie ein Siechender, dem ein Arzt gerade gesagt hatte, dass er nur noch wenige Monate zu leben habe. Ein paar Mal war es so schlimm um mich bestellt, dass ich mich ins Unterholz verkroch, mich auf den Boden kniete, mir meine Jacke auf den Mund presste und vor Verzweiflung schrie. Der irrsinnige Druck in mir musste einfach irgendwie raus. Ich schrie, bis ich erschöpft war. Manchmal half das etwas. Danach schlich ich zurück in die Klinik wie ein geprügelter Hund. In diesen Phasen dachte ich das erste Mal an Selbstmord. Alles schien mir besser, als diese Gefühle weiter aushalten zu müssen. Aber dann sah ich meine Frau und meine Kinder vor meinem geistigen Auge, stellte sie mir vor, wie sie verzweifelt an meinem Grab stehen, und beschloss durchzuhalten. Irgendwie. Ich wusste: Nach diesem Klinikaufenthalt konnte nicht mehr viel kommen. Ich musste es hier schaffen. Ich musste es einfach! »Reiß dich zusammen«, sagte ich mir zum hundertsten Male. »Mach alles, was die hier sagen.« Es musste doch irgendwas bringen. Die Hoffnung stirbt ja bekanntlich zuletzt.

*

Stagnation

Ich absolvierte also meine Einzel- und Gruppentherapien und hoffte auf Besserung. Sie kam nicht. Ich wurde immer apathischer, machte alles mit, wozu man mich aufforderte, war aber innerlich wie tot. Irgendwann kam Gesa mit den Jungs vorbei. Sie hatten Sehnsucht nach ihrem Papa, und wir machten einen Ausflug in einen Tierpark in der Nähe der Klinik. Ich versuchte so zu tun, als ob nichts wäre. Die Jungs waren fasziniert von den Tieren. Besonders, dass sie ein zahmes Frettchen streicheln konnten, das dann sogar kurz unter Hannes' Jacke verschwand. Großes Gelächter. Ich stand daneben, sah ihnen zu, sah Gesa mitlachen und spürte die Depression fast wie einen körperlichen Schmerz. Ich dachte, dass mir der Kopf platzen würde, spürte einen ungeheuren Druck in mir. Ein widerliches, beständiges Summen, das immer lauter wurde. Es schrie in meinem Kopf. Mühsam presste ich »Bin gleich wieder da« heraus und rannte auf die nächste Toilette, wo ich hemmungslos zu weinen anfing. Als ich mich wieder einigermaßen beruhigt hatte, ging ich zurück.

Wir tranken Kaffee, und ich sah Tränen in den Augen meiner Frau. Was musste sie bloß alles durchmachen mit einem solchen Typen an ihrer Seite?

Wenig später bat Frau Dietrich Gesa dann zu einem gemeinsamen Gesprächstermin bei ihr. Wir wollten besprechen, wie sie sich am besten bei meinen Heimatbesuchen verhalten sollte. Ich weiß noch, wie Frau Dietrich Gesa während des Gespräches fragte, was sie sich denn wünschen würde. Und Gesa sah sie an, begann zu weinen und sagte: »Ich will meinen Mann zurückhaben.«

Es brach mir das Herz.

Nach der Stunde bei Frau Dietrich gingen wir schweigend Hand in Hand durch den Park der Klinik spazieren. Wir setzten uns in der Abendsonne auf eine Bank, lehnten uns aneinander, schlossen die Augen und schliefen dann beide kurz ein. Für mich war das ein Moment inneren Friedens. Ich sehe dieses Bild noch oft vor meinem geistigen Auge: wir beide auf dieser Bank. Was, dachte ich damals, würde die Zukunft bringen? Hatte ich – hatten wir – überhaupt eine?

*

Zu Hause als Fremder

Bei meinen Besuchen zu Hause fühlte ich mich immer fremder. Ich war irgendwie nicht mehr in dieser Welt. Es war, als ob sich die Realität verschoben hätte. Die Liebe zu Gesa und den Jungs war ungebrochen da. Für sie wollte ich kämpfen und wieder gesund werden. Aber eine unsichtbare Wand, die die Angst und die Depression errichtet hatten, trennte mich von ihnen. Ich war anwesend, aber nicht richtig dabei. Zudem kam ich mir immer nutzloser vor. Dass ich nicht arbeiten konnte, belastete mich zusätzlich. Auch zur Welt der Berufstätigen gehörte ich nicht mehr. Was sollte nur werden?

Eines Tages erhielt ich einen handgeschriebenen Brief von meiner Chefredakteurin Anne Volk. Sie schrieb mir unter anderem:

>>*Lieber Kester, Sie fehlen uns hier und ganz sicher besonders dem Ressort, aber Sie wissen auch, dass wir alle wollen, dass diese Therapie nützt und dass es Ihnen hinterher besser geht, noch lieber, dass es Ihnen gut geht. Wir kriegen das auch noch ein paar Wochen länger hin. Nicht zuletzt, weil Sie sich ein Ressort aufgebaut haben, wo die Mannschaft schon sehr auf den Chef Kester eingeschworen ist und den definitiv nicht hängen lässt. Die Loyalität Ihnen gegenüber ist riesengroß! Bleiben Sie so lange in der Klinik wie nötig. Und danach fahren Sie mit Ihrer Familie erst einmal in den Urlaub. Ihre Familie braucht das, und Sie brauchen das auch. Dies ist eine dienstliche Anweisung!*<<*

Was für eine großartige Frau, was für eine tolle Chefin! Ich kann gar nicht beschreiben, wie sehr mir dieser Brief geholfen und mir Mut gemacht hat. Auch meine Kolleginnen und Kollegen schrieben mir, besuchten mich und gaben mir immer das Gefühl: Wir warten auf dich! Du schaffst das! Halt durch! Diese Solidarität hat mich sehr gestärkt und sicher neben Gesas Einsatz entscheidend zu meiner Genesung beigetragen.

Aber bis dahin war es noch ein weiter Weg. In der Klinik tickte ich etwas anders als zu Hause. Hier war ich nicht der Kranke unter Gesunden, sondern einer unter vielen mit großen Problemen. Das machte es etwas einfacher. Man musste sich dort nicht ständig erklären, wurde verstanden und fühlte sich auch verstanden. Es war ein bisschen wie auf einer einsamen Insel: wir und die Welt da draußen. Eine trügerische Idylle natürlich. Wir hielten uns aneinander fest und wussten doch, dass wir den Realitäten ins Auge blicken mussten. Da draußen wartete die echte Welt, in der nicht alle von morgens bis abends Verständnis für unsere Probleme haben würden. Menschen, die uns brauchten, für die wir weitermachen mussten. Und dafür mussten wir etwas tun.

*

Unser Ausflug ins Drogencafé

Und zwar in den Einzel- und Gruppentherapien und in den so genannten Expositionen. Das waren Übungen, in denen wir uns allein, mit einem Therapeuten oder unterstützt von Mitpatienten unseren Ängsten und Zwängen in einem kontrollierten Rahmen stellen mussten.

Eine dieser Expositionen sah folgendermaßen aus: In einer näher gelegenen größeren Stadt gab es eine Drogen- und Suchtberatungsstelle mit einem angeschlossenen Café. Dort verkehrten natürlich auch Drogensüchtige, nicht wenige davon waren HIV-Infizierte. Für Leute wie mich oder Joachim, die panische Angst vor Keimen, Viren und Krankheiten hatten, ein absoluter Horrorort. Und genau dahin fuhren wir dann mit Frau Dietrich, um »da mal einen Kaffee zu trinken und ein Stück Kuchen zu essen«. Für Joachim und mich klang das aber wie: »Und dann setzen wir uns im Zoo einfach mal in den Tigerkäfig und schauen, was passiert.«

Wir wollten beide nicht, aber Frau Dietrich war unerbittlich. »Sie wissen«, sagte sie, »dass man sich mit einer Tasse oder Gabel nicht anstecken kann. Aber Sie fühlen etwas anderes. Wir lernen hier, dass Sie diesen Besuch dort aushalten können und werden.«

Ich sagte dann zu. Joachim nicht. Für ihn war schon die Anreise ein Horror. Aber da er auch ansonsten wenig Fortschritte machte, stellte man ihm die Frage, ob er denn lieber entlassen werden wolle. Denn in einem Zimmer zu sitzen, nichts zu tun, außer Angst zu haben, das könne er auch gut in einem Hotel machen. Joachim wusste, dass er an einem Scheideweg angekommen war. Entweder er machte mit, oder er ging. Er entschied sich mitzumachen. Und so gingen Joachim, zwei Therapeuten und ich Kaffee trinken in einer Fixerstube. Vorher gab man uns noch einen Handzettel, der uns über den Charakter der Übungen informieren sollte. Am Schluss hieß es da:»Machen Sie sich bewusst, dass die bevorstehende Übung Ihnen nur etwas bringt, wenn sie unangenehme Gefühle auslöst! Am Auftreten unangenehmer Gefühle können Sie erkennen, dass Sie die Übung richtig angelegt haben.«

Es traten unangenehme Gefühle auf! Und wie!

Joachim und ich sowie unsere Begleitung saßen also schließlich in einem kargen Raum mit einer abgerammten Theke an Tischen mit abwischbaren Tischdecken und fühlten uns beschissen. Vor uns je ein Glas mit Latte Macchiato und ein Teller mit einem Stück Mohnkuchen. Ausgerechnet Mohn. Sehr witzig. Aber uns war gar nicht witzig zumute. An den anderen Tischen hockten zum Teil ausgemergelte Gestalten, offenkundig Drogensüchtige. Joachim schwitzte. Ich hatte Herzklopfen. Warum tat man uns das an? Beide starrten wir auf das Glas mit dem Kaffee und den Teller und das Besteck. Wer hatte wohl vorher daraus getrunken und davon gegessen? Etwa eines dieser Gespenster um uns herum? War das Glas auch ordentlich gereinigt worden? Waren das da Flecken? Gar Blutflecken? Wir tranken beide nicht. Keiner von uns sprach. Wir litten. Aber Frau Dietrich tat, als säßen wir in einem Oma-Café an der Hamburger Binnenalster, aß fröhlich mit ihrem Kollegen plaudernd

Kuchen und trank Tee. Irgendwann sah sie uns an und sagte nur: »Meine Herren, bitte.« Ich nahm mein Glas, trank vorsichtig einen Schluck Kaffee und aß ein Stück vom Kuchen. Und das noch vorsichtiger. Ich wollte mich auf keinen Fall irgendwie mit der Gabel verletzen und so eine Eintrittswunde für Viren oder Keime erzeugen. Typische Zwängler-Gedanken. Auch Joachim trank und aß. Er begann zu zittern. Frau Dietrich legte ihm sanft die Hand auf die Schulter und sagte: »Sie machen das großartig.« Mir nickte sie kurz zu.

Joachim war kreidebleich, atmete schwer und sagte kein Wort. Ich schwieg ebenfalls. Ich war mir sicher, dass ich mir irgendwelche Krankheitskeime eingefangen hatte. Es konnte doch gar nicht anders sein – hier in diesem AIDS- und Seucheninferno. Joachim – das sagte er mir später – war sich da ebenfalls sicher. Man hatte ihn aus seiner Sicht in eine Todeszelle geführt. Wir saßen still auf unseren Stühlen, und in unseren Köpfen tobten Angststürme.

Frau Dietrich und ihr Kollege verwickelten uns dann in ein Gespräch. Es war etwas mühsam, aber schließlich antworteten wir und beruhigten uns etwas. Für unsere Therapeuten das Signal, dass wir nun aufbrechen konnten. Beide Kuchen waren nur halb gegessen, der Kaffee nicht ausgetrunken. Aber immerhin: Die Hälfte der vermeintlich verseuchten Lebensmittel hatten wir uns todesmutig reingezogen. Und jetzt mussten wir das irgendwie verarbeiten. Nicht nur in unseren Mägen, sondern vor allem in unseren kranken Köpfen.

Als wir auf dem Rückweg in die Klinik im Auto saßen, sagte uns Frau Dietrich: »Sie können stolz auf sich sein. Sie haben sich konfrontiert. Sie sind nicht geflohen. Sie haben es ausgehalten und gespürt, wie die Angst weniger wurde. Ich weiß, da wird noch was nachwirken. Ihre Störung wird Ihnen Katastro-

phen und Bedrohungen suggerieren. Aber Sie werden das aushalten. Sie sind heute beide ein Stück weitergekommen.«

Sie hatte recht. Aber es dauerte. Joachim und ich schliefen
beide nicht in dieser Nacht. Und auch in den folgenden ging das
nicht besonders gut. Die Angst hatte uns in ihren Klauen, sorgte
für Unruhe. Aber es wurde in den kommenden Tagen immer
besser, und irgendwann war die Episode im Drogencafé vergessen oder zumindest so weit verdrängt, dass sie keine große Rolle
mehr spielte. Und die ganze Sache hatte einen weiteren positiven Effekt: Die gemeinsam durchgestandene Konfrontations-
übung hatte mich und Joachim einander näher gebracht. Wir
verbrachten mehr Zeit in der Klinik miteinander und wurden
schließlich Freunde.

*

Freundschaft

Joachim und ich näherten uns einander sehr vorsichtig an. Bei
ihm zeigte die Therapie schon erste Erfolge. Er verließ jetzt häufiger sein aseptisches Schneckenhaus. Wir tranken ab und zu
mal einen Kaffee, gingen spazieren und unterhielten uns. Berühren durfte man ihn grundsätzlich aber dennoch noch nicht.
Das ließ er erst nach einigen Wochen zu. Es war interessant: Je
näher wir beide einander kamen, desto weniger bedrohlich in
Bezug auf Keime etc. erschien ich ihm. Das war natürlich irra-
tional, aber im Grunde nicht irrationaler als seine gesamte Störung. Nach einiger Zeit durfte ich ihm schließlich die Hand geben oder ihm mal auf die Schulter klopfen. Es half sicher auch,
dass er wusste, dass auch ich einer war, der sich vor Strahlung,
Keimen, Viren und Krankheiten allgemein fürchtete und sehr
auf Hygiene achtete. Aber ich glaube, es hatte vor allem mit

wechselseitiger Sympathie zu tun, dass er die Scheu vor mir verlor.

In unseren Gesprächen erfuhr ich, dass die Krankheit vieles in seinem Leben zerstört hatte. Er war ein erfolgreicher Angestellter gewesen und stand jetzt – wie ich – vor der Frage, ob er wohl jemals wieder in seinem Beruf arbeiten würde. Wir hatten in Bezug auf unsere Krankheit vieles gemeinsam, waren ansonsten aber total verschieden. Joachim war allein schon phänotypisch das genaue Gegenteil von mir und auch in seinem Sozialverhalten ein ganz anderer Typ. Einer, der gerne Ansagen machte und sagte, wo es langging. Zumindest sei das früher so gewesen, erzählte er. Davon sei allerdings nicht mehr viel übrig. Er vermisse auch das Boxen, das ihm immer ein toller Ausgleich zum Stress im Job gewesen war. Außerdem sei er darin ziemlich gut gewesen. Er habe damals vor niemandem Angst gehabt, erzählte er. »Und sieh mich jetzt an ...« Resigniert schüttelte er den Kopf.

Joachim hatte seine – selbstverständlich desinfizierten – Boxhandschuhe mit in die Klinik genommen, um für sich ganz allein im kleinen Wald nahe der Klinik zu trainieren. »Boxen«, sagte ich mal zu ihm versonnen, »das würde ich auch gerne können.« Ich sei ja einer, der jeder körperlichen Auseinandersetzung aus dem Weg ginge. Mich im Ernstfall verteidigen zu können, erschien mir eine reizvolle Vorstellung zu sein, offenbarte ich ihm. Er sah mich an und sagte: »Übung macht den Meister.«

Irgendwann durfte ich ihn dann mal bei seinem Waldtraining begleiten. Ich beschloss, parallel ein paar Fitnessübungen zu machen und sah zu, wie Joachim vor einem Baum Schattenboxen machte und Schlagkombinationen übte. Das sah ziemlich gut aus.

Eine Woche später bot er mir an, mir mal ein paar grundsätzliche Boxtechniken beizubringen. Ich müsste mir lediglich ein paar einfache Boxhandschuhe mitbringen lassen. »Wenn's geht ungebrauchte«, bat er. Die bestellte ich bei Gesa, was sie überrascht und ein wenig amüsiert zur Kenntnis nahm. Eine Woche später hatte ich dann mein erstes Paar Boxhandschuhe. Joachim und ich gingen fortan regelmäßig in den Wald und übten Boxen. Es war faszinierend. Joachim forderte mich in unserer ersten Übungseinheit auf, ihn zu schlagen. Ich sollte keine Scheu haben – er würde nur ausweichen und nicht zurückschlagen. Es war irre, dass ich es nicht *ein Mal* schaffte, ihn zu treffen. Ich merkte jetzt erst, wie fit und trainiert der Mann war.

Dann brachte er mir die ersten Schlagkombinationen bei, und wir übten die Deckung. Vor allem lehrte er mich, wie man sich im Falle einer Auseinandersetzung, wenn sie denn nicht zu vermeiden sei, hinstellen müsse. Nicht breitbeinig vor den Gegner, sondern seitlich gedreht, die Weichteile geschützt, den linken Arm zur Verteidigung vorm Körper. Ich kam mir vor wie Rocky. Unser regelmäßiges Training tat mir sehr gut. Und ihm offenbar auch. Joachim war ganz in seinem Element, nicht Opfer, sondern Lehrer, der einen Novizen wie bei *Karate Kid* in die Geheimnisse der Kampfkunst einweihte.

Joachim und ich verbrachten in unseren Freistunden sehr viel Zeit miteinander und wurden gute Freunde. Später, als wir entlassen waren, trafen wir uns auch privat weiter, bevor sich unsere Wege wieder trennten, weil Joachim in eine andere Stadt ging. Er sagte damals einen Satz, der vielleicht seltsam klingt, aber irgendwie viel Wahrheit enthält: »Weißt du, Kester«, sagte er, »ein bisschen ist es so, als ob wir zusammen im Krieg gewesen wären. Uns verbindet ein existenzielles Erlebnis. Das kann kaum einer nachvollziehen, der das nicht erlebt hat.« Und da hatte er recht. Wir waren beide Zeugen gewesen, wie der jeweils andere völlig am Boden war und sich nach und nach wieder aufgerappelt hatte. Uns verband sozusagen eine Fronterfahrung im Psychokrieg mit uns selbst.

Die gemeinsame Exposition im Drogencafé blieb nicht unsere letzte Übung. Ich erinnere mich noch gut, dass ich Joachim einmal dabei begleitete, wie er einen Müllbehälter auf dem Klinikgelände minutenlang berühren musste. Er stand da mit der Hand auf der Tonne, schwitzte, und die Tränen liefen ihm über die Wangen. Aber er hat es ausgehalten.

Mir hat die Freundschaft mit Joachim viel gebracht. Unser Training im Wald half mir, meine eigenen Ängste wenigstens für ein paar Minuten zu vergessen und auch wieder etwas Vertrauen in meinen Körper zurückzugewinnen. Denn Joachim attestierte mir ein überdurchschnittliches Reaktionsvermögen. Ich sei zwar ein ziemlicher »Spiddel«, dafür aber ziemlich schnell und flink. »Und ich zeige dir jetzt, wo du im Ernstfall hinhauen musst.«

Ecki lernt reklamieren

Auch andere Übungen mit anderen Patienten werde ich wohl nie vergessen. Ecki, unser Sozialphobiker, musste zum Beispiel in einem Kaufhaus etwas erwerben und kurz darauf zurückgeben, weil er es sich anders überlegt hätte. So etwas macht natürlich keiner gerne. Für Ecki war es aber ungefähr so, wie durch einen Teich mit Krokodilen zu schwimmen. Er war ein totales Nervenbündel vor der Reklamation und zitterte am ganzen Körper. Ecki musste wie alle Sozialphobiker lernen, über seine übertriebenen Ängste vor der Bewertung anderer hinwegzukommen und sich deshalb zur Desensibilisierung ständig irgendwelchen für ihn extrem unangenehmen Situationen aussetzen: sich beschweren, auf der Straße singen, seltsam gehen oder was auch immer. So konnte er lernen, dass das Leben trotzdem weitergeht, auch wenn vielleicht mal einer den Kopf schüttelt. Dieses übertriebene Verhalten sollte er natürlich nicht in seinem tatsächlichen Alltag praktizieren, aber die Expositionen halfen ihm, sich wieder ganz normal unter Menschen zu bewegen. Zumindest, es zu versuchen. Denn auch Ecki hatte noch einen langen Weg vor sich, um mit seinen Ängsten fertigzuwerden.

Ina, unser krankhafter Messie, lernte, sich von ungeöffneten Kisten zu befreien. Auch das war nicht schön mit anzusehen. Auch wenn sie auf einer gewissen Ebene wusste, dass dort in den Kisten weder ihr Pass noch ihre Geburtsurkunde oder was auch immer Wichtiges drin war, schien es ihr fast unmöglich zu sein, eine ihrer vielen gehorteten Kisten in den Müllcontainer zu schmeißen. Aber auch sie hat das geschafft. Andere brachen Übungen ab, fingen wieder an, brachen wieder ab. Ich will hier nicht nur Erfolgsgeschichten referieren. Manchmal ging es schief, manchmal war es quälend, manchmal zu hart für die Beteiligten. Aber unterm Strich waren die Übungen für die meisten ein wichtiger Schritt, um gesund zu werden.

*

Die Gespenster

Den meisten von uns sah man es, wie gesagt, nicht an, wie krank sie waren. Das Ganze spielte sich ja vor allem im Kopf ab. Okay, ein geschultes Auge konnte einen Depressiven, Sozialängstler oder Zwängler sicher schnell erkennen, aber eigentlich sahen wir alle auf den ersten Blick wie ganz normale Durchschnittsmenschen aus. Ganz anders war das bei den an Magersucht Erkrankten. Sie waren auf einer eigenen Station untergebracht, und ich sah anfangs *keine* von ihnen – tatsächlich waren es während meines Aufenthalts in der Heilberg-Klinik nur junge Frauen, die betroffen waren, wie ich später erfuhr. Aber eines Tages, als ich gerade mit ein paar anderen in der Kantine zu Mittag aß, kam es zur ersten Begegnung mit den »Gespenstern von der Magersuchtstation«, wie Manuela sie nannte. Die Bezeichnung war erschreckend treffend. Die Tür zur Kantine ging auf, und drei Jugendliche betraten den Raum. Ich erschrak. Ihr Anblick war mitleiderregend. Dürre Gestalten mit eingefallen Wangen, denen die Kleidung am Körper schlotterte. Mit langsamen Bewegungen, den Blick gesenkt, schlichen sie zu einem Tisch, den eine Therapeutin ihnen zuwies. Dort saßen sie dann und starrten ins Leere. Sie sprachen nicht miteinander. Man sah, dass sie sich unwohl fühlten. In diesem großen Raum mit den vielen Menschen, in dem vor allen anderen gegessen wurde. Essen! Ihr großes Problem. Wir anderen hockten alle an unseren Tischen und spachtelten weg, was man uns aufgefüllt hatte, aber für die Magersüchtigen war dieser Vorgang eine angstbesetzte Herausforderung.

»Warum haben wir die nicht schon viel früher gesehen?«, fragte ich Manuela.

»Weil die sonst auf ihrer Station unter Aufsicht essen«, antwortete sie. »Aber manchmal kommen sie sozusagen als Übung hier runter in die Kantine, um in einem normalen Umfeld etwas zu sich zu nehmen.«

Und genau das geschah. Die Therapeutin brachte den Mädchen kleine Schüsseln mit Quark oder Ähnlichem, und sie begannen mit langsamen Bewegungen das ihnen Vorgesetzte aufzuessen. Spaß schien ihnen das nicht zu machen.

Tatsächlich wird zu Beginn einer Magersuchttherapie den Betroffenen erst einmal wieder beigebracht zu essen. Nahrung wird als »Medikament« betrachtet. Erst nach einer signifikanten Gewichtszunahme kann nämlich die eigentliche Behandlung beginnen. Jeder Patient wird gewogen, man vereinbart mit ihm eine wöchentliche Gewichtszunahme und kontrolliert das Ganze durch regelmäßiges Wiegen. Dabei kommt es immer wieder zu regelrechten Panikanfällen, wie ich hörte. Die Gewichtszunahme, die die Erkrankten ja monatelang so krampfhaft vermieden hatten, war nun auf dem Display der Waage zu sehen. Manche brachen dabei in Tränen aus. Sie wussten natürlich auf einer Ebene ihres Denkens, dass sie durch die Nahrungsvermeidung in Lebensgefahr gewesen waren, aber die Angst und der Zwang sagten ihnen etwas anderes. Das Essen fand bei den Magersüchtigen deshalb stets unter therapeutischer Anleitung statt. Man musste sie sozusagen bewachen, um sicher zu sein, dass sie etwas zu sich nahmen.

Ich sah meinen Mitpatientinnen zu und empfand tiefes Mitleid für diese drei Mädchen, die sich beinahe zu Tode gehungert hatten und jetzt sozusagen unter Aufsicht gemästet wurden, um überhaupt therapiefähig zu sein. Was eine kranke Seele doch alles anrichten konnte!

*

Kampf

Nach meiner Begegnung mit den Magersüchtigen saß ich lange allein in meinem Zimmer und brütete vor mich hin. »Da geht es dir doch noch gut«, sagte ich zu mir. Wie so oft versuchte ich, mein eigenes Leid zu relativieren und verglich mich mit anderen, denen es noch schlechter ging. Manchmal half das ein wenig, und ich beschloss, mich mehr zusammenzureißen. Aber lange hielt diese Form der Selbstberuhigung nicht an. Jeder von uns hatte seine eigenen Dämonen, denen er sich stellen musste. Es half nicht, die der anderen zu betrachten und zu finden, dass sie noch grässlicher waren. Was guttat, war das Gefühl von Gemeinschaft, von Aufgehobensein unter Menschen, die auch krank waren und verstanden. Die Klinik wurde für mich zu einem eigenen kleinen, vertrauten Mikrokosmos, der mich auf eine sonderbare Art und Weise trug.

Das tröstete, aber es half nicht nachhaltig. Ich absolvierte meine Einzel- und Gruppentherapien und »arbeitete an mir«, wie es so schön heißt. In vielen Gesprächen setzte ich mich mit meiner eigenen Sterblichkeit, mit Krankheit und Unsicherheit auseinander. Frau Dietrich versuchte mir beizubringen, mein immer wieder um die gleichen Probleme kreisendes Denken zu verändern. Ich sah nur Katastrophen. Nur Worst-Case-Szenarien. Ich konnte mich nicht fallen lassen und mir sagen: »Es geschieht, was geschieht. Ändere die Dinge, die du ändern kannst, und akzeptiere die, bei denen es nicht so ist.«

Ich hingegen war gefangen in meinen Angstspiralen, schlief schlecht und war traurig. Die anfängliche Panik, die ich nach meiner Gesundheitslexikon-Lektüre empfunden hatte, wich nach und nach einer lähmenden Depression. Es gab bessere und sehr beschissene Tage, aber gut ging es mir nie. Der von mir verehrte Soziologe Hartmut Rosa bezeichnet die Depression in seinem Buch *Unverfügbarkeit* als das »Verstummen der Resonanzachsen«. Nichts »spricht« mehr zum Erkrankten. »Da draußen ist alles tot, grau, kalt und leer, und auch in mir ist alles stumm und taub.« So fühlte ich mich in meinen dunkelsten Stunden.

Und trotzdem raffte ich mich immer wieder auf, ging zu meinen Therapiestunden, fuhr auf Heimatbesuch, empfing Freunde und natürlich meine Familie in der Klinik. Manchmal, nach dem zweiten Glas Wein, stellte sich zu Hause oder bei einem Essen mit Besuchern sogar so etwas wie eine temporäre Entlastung ein. Ich dachte dann: »Ah, so kann das Leben sein.« Danach war leider das Aufwachen in der Nacht, wenn der Alkohol abgebaut war, umso deprimierender. Ich konnte aber verstehen, dass viele psychisch Erkrankte das Saufen anfangen oder zu Tabletten greifen. Man sehnt sich so nach Entlastung und muss sich schon sehr zusammenreißen, nicht zum Alkoholiker oder Drogenfreak zu werden.

Das eben erwähnte Buch von Hartmut Rosa hat mir übrigens später viel geholfen, das Leben anders zu sehen. Wir modernen Menschen, so Rosa, haben fast alle den Wunsch und das Begehren, unsere Welt verfügbar zu machen, sie zu beherrschen und zu kontrollieren. Bei mir war das vor allem der Wunsch, garantiert gesund zu sein und irgendwo einen Stempel zu bekommen, auf dem stehen sollte: »Dieser Mann wird nie krank.« Aber so sehr ich ihn mir auch wünschte – es gab ihn nicht.

»Lebendigkeit, Berührung und wirkliche Erfahrung aber entstehen«, so Rosa, »aus der Begegnung mit dem Unverfügbaren. Eine Welt, die vollständig gewusst, geplant und beherrscht wäre, wäre eine tote Welt.« Erst in der Begegnung mit dem Unverfügbaren, so Hartmut Rosa, würden wir intensiv leben. Wir müssen aus seiner Sicht lernen, Dinge geschehen zu lassen, statt immer zu versuchen, sie zu beeinflussen und zu kontrollieren. Nur so kämen wir zu echten, tiefen Glückserfahrungen. Mit anderen Worten: Loslassen! Rosa beschreibt das in seinem Buch sehr eindrucksvoll. Gleich in der Einleitung bezeichnet er zum Beispiel den Schneefall als die Manifestation des Unverfügbaren in Reinform:

»Wir können ihn nicht herstellen, nicht erzwingen, nicht einmal sicher vorherplanen, jedenfalls nicht über einen längeren Zeitraum hinweg. Und mehr noch: Wir können des Schnees nicht habhaft werden, ihn uns nicht aneignen. Wenn wir ihn in die Hand nehmen, zerrinnt er uns zwischen den Fingern, wenn wir ihn ins Haus holen, fließt er davon, und wenn wir ihn in die Tiefkühltruhe packen, hört er auf, Schnee zu sein. Vielleicht sehnen sich deshalb so viele Menschen – nicht nur die Kinder – nach ihm, vor allem an Weihnachten.«

*

Ich, der Veteran

Ich war nun über zwei Monate in der Klinik. Es ging mir nicht gut, aber ich wusste: Ewig würde ich hier nicht bleiben können. Die ersten Mitpatienten, die ich gut kannte, wurden schon entlassen. Waren sie geheilt? Nein, aber es ging ihnen deutlich besser. Ich hatte schnell gelernt, dass es hier keine filmreifen Happy Ends gab, wo Leute genesen und glücklich lächelnd in die Arme ihrer Lieben fielen, die mit der gesamten Familie draußen warteten, um Vater, Mutter, Sohn oder Tochter wieder mit nach Hause zu nehmen, wo nun alles gut werden würde. So war es nicht. Und so würde es nie sein. In diese Klinik kamen Leute, denen es so schlecht ging, dass sie draußen nicht mehr klarkamen. Hier wurden sie stabilisiert, und man brachte ihnen bei, mit ihren Störungen anders und besser umzugehen, an sich zu arbeiten. Entlassen wurden dann Menschen, die zwar noch krank, aber auf einem guten Weg waren. Heilung würde Monate, vielleicht Jahre dauern. Fast jeder machte nach dem

Klinikaufenthalt in einer ambulanten Therapie weiter. Mir wurde klar, dass es mir nicht anders gehen würde. Ich hatte mir anfangs eingebildet, dass ich in der Klinik gesund werden würde. Dafür hatte ich das doch alles auf mich genommen, war von meiner Familie getrennt, riskierte meinen Job. Und nun würde es den großen Heilungsmoment, die Erlösung also nicht geben. Das zog mich anfangs noch mehr runter, aber diese Erkenntnis war nötig, um weiter voranzukommen.

Wir verabschiedeten die Rückkehrer in die normale Welt wie Soldaten, die auf Heimaturlaub gingen. Es gab abends zu essen und zu trinken, es wurden kleine Reden gehalten, gefrotzelt und sich gegenseitig Mut gemacht. »Halt durch«, hieß es. »Lass dich nicht unterkriegen.«, »Vergiss uns nicht.« Wir konnten zudem als Mitbetroffene Witze machen, die anderen nicht gestattet wurden. Als Ina, unser Messie, ging, schenkten wir ihr eine kleine Schachtel, in der sie ihre Erinnerungen an uns aufbewahren sollte, aber nur die. Nix anderes.

Eines Tages ging auch Holger, unser zwanghafter Kontrollfreak. Er war einigermaßen stabil, aber noch lange nicht über den Berg. Er hatte wahnsinnig Angst, seinen Job zu verlieren und ließ sich entlassen, um wieder zu arbeiten. Als er sich von uns verabschiedete, schrieb er auch mir noch seine Telefonnummer auf einen Zettel. Als er ihn mir gab, stutzte er. »Warte mal«, sagte er dann, »ich seh besser noch mal auf dem Zettel nach. Ich glaube, da ist ein Zahlendreher drin.« Er streckte die Hand aus. Ich lächelte ihn an und schüttelte den Kopf, ganz der erfahrene Expositions-Kamerad. »Holger«, sagte ich. »Du bist noch nicht mal weg aus der Klinik und fängst schon wieder an. Die Nummer ist bestimmt richtig. Du willst bloß wieder kontrollieren und dich rückversichern. Ich gebe dir den Zettel nicht.«

Er lächelte zurück und nickte. Ich wusste: Auch er hatte noch einen langen Weg vor sich.

Jahre später besuchte er mich mal. Er war immer noch »drauf«, wie er sagte. Es ging mal besser, mal schlechter, aber er kämpfte und versuchte, die Jahre bis zur ersehnten Vorruhestandsregelung irgendwie rumzukriegen. Holger war ein Patient, der den Druck einfach nicht aushielt. Er riss sich immer so weit zusammen, dass er im Job noch funktionierte, aber ganz lassen konnte er von seinen Zwängen nicht. Andere kamen nach der Entlassung besser klar. Manche sogar sehr gut.

Und ich? Ich blieb vorläufig zurück mit den anderen, die auch noch nicht so weit waren. Joachim, Manuela, Ecki und ich waren jetzt der harte Kern unserer Gruppe. Die Altvorderen, die Veteranen. Neue Patientinnen und Patienten kamen, und auch ich übernahm ein paar Mal die Einführungsbetreuung. Ich sah die traurigen, fremdelnden Gestalten und musste an meine ersten Tage in der Klinik denken. Wie verloren hatte ich mich gefühlt. Jetzt war ich Teil einer Gemeinschaft, aber lange konnte die nicht mehr funktionieren. Bald würde auch der harte Kern auseinandergehen und in alle Winde verstreut werden.

Einmal hatte ich die Idee, Joachim, der am Wochenende oft allein in der Klinik blieb, zu uns nach Hause zum Kaffee einzuladen. Gesa willigte ein, und ich erklärte ihr, wie sie und die Kinder sich zu verhalten hätten. Sie sollten Joachim besser nicht anfassen, ihm auch nicht die Hand geben, unseren Hund wegsperren und darauf achten, dass alles blitzblank wäre. Gesa schüttelte etwas genervt den Kopf, tat aber mir zuliebe alles, was ich mir wünschte. Joachim kam dann am Nachmittag vorbei.

Es war ein netter Besuch. Er taute nach anfänglicher Anspannung merklich auf, gab Gesa zum Abschied sogar die Hand und strich den Jungs über den Kopf. Das freute mich. Es ging ihm insgesamt merklich besser. Seine Ängste waren noch da, aber er hatte sie besser im Griff und kämpfte gegen sie an. Warum Menschen, die er näher kennenlernte, aus seiner Sicht weniger keimverseucht waren als andere, konnte er auch nicht erklären. Es sei ein Gefühl.

Gesa offenbarte mir später, dass sie es gut fand, dass ich einen Freund in der Klinik gefunden hätte und den jetzt auch mal mitbrachte, aber wenn sie ganz ehrlich wäre, würden ihr Besuche von normalen Leuten doch deutlich besser gefallen. Sie habe ja schon mit mir genug auszuhalten. Und nun noch jemanden um sich zu haben, der misstrauisch seine Umwelt und deren Bewohner als potentielle Keimquellen ansah, war ihr zu anstrengend. Ich konnte sie verstehen. Wir waren ja auch anstrengend. Immer auf der Hut. Immer in Sorge, wieder abzuschmieren und in tiefe Täler zu stürzen. Trotzdem hatte sich der Besuch gelohnt. Joachim war sehr angetan von Gesa und den Jungs und meinte, er habe sich schnell »sicher« gefühlt. Das sei ein großer Fortschritt. Na, das war doch was.

∗

Martin besucht mich

Irgendwann klingelte mein Handy. Martin, mein erster Therapeut, war dran und fragte, ob er mich besuchen könne. Ich sagte sofort zu, und schon am kommenden Nachmittag war er da. Wir saßen draußen auf einer Bank und redeten. Er fragte mich, wie es mir ginge, wie meine Therapie aussah und ob ich Fortschritte machte. Ich beantwortete brav all seine Fragen, und obwohl es mir irgendwie unangenehm war, stellte ich ihm dann die entscheidende Frage: »Haben Sie sich manchmal gefragt, ob Sie nicht früher hätten merken müssen, dass ich bei Ihnen nicht wirklich richtig war?«

Martin sah mir in die Augen und antwortete: »Ja, das habe ich. Und es tut mir aufrichtig leid, dass das so gelaufen ist. Ich habe dazugelernt. Menschen machen Fehler. Ich habe einen gemacht.«

Ich verzieh ihm auf der Stelle, denn vielleicht hatte er einfach die Zeit gebraucht, aus all meinen wirren Geschichten die richtigen Schlüsse zu ziehen. Wir umarmten uns. Er bot mir das Du an und sagte, dass er mich, wo immer er könne, nach der Entlassung unterstützen werde.

Und so kam es dann auch. Martin wurde nach meiner ambulanten Therapie bei seiner Kollegin Lamprecht eine Art persönlicher Coach für mich, der mich im Job und in Krisenzeiten beriet, ganz einfach, weil er mich so gut kannte. Sicher wäre ich gern früher therapeutisch richtig gewesen, aber ich habe es nie bereut, Martin kennengelernt zu haben.

*

Ein Zwischenfall

Manchmal kam es auch zu »Ereignissen« in der Klinik, die den normalen Ablauf durcheinanderbrachten und für viel Gesprächsstoff sorgten. Eines Tages zum Beispiel hörte ich in meinem Zimmer sitzend auf einmal großes Geschrei auf dem Flur. So etwas kam hier selten vor. Was war da los? Neugierig trat ich hinaus und registrierte, dass das Gebrüll aus einem der Therapeutenbüros kam. Die Tür stand offen, und ich erkannte die Stimme des Schreihalses. Ich kannte ihn vom Laufen, es war

Gernot, ein Fotograf mit Ängsten. Nach Angst klang sein Gebrüll gerade allerdings nicht.

»Ich bleibe«, schrie er. »Ich kann noch nicht nach Hause. Ich warne Sie. Das können Sie nicht machen.«

Offenbar sollte er entlassen werden und konnte das nicht akzeptieren. Ab und an hörte ich auch die zaghafte Stimme seiner Therapeutin, die ihn zu beruhigen versuchte. Was ihr nicht gelang. Gernot wurde immer lauter. Auch andere Patienten standen nun auf dem Flur und blickten ratlos in Richtung des Zimmers. Ich war am nächsten dran, gab mir einen Ruck, ging los und betrat, ohne groß nachzudenken, den Raum. Gernot stand dicht vor seiner offenkundig eingeschüchterten Therapeutin und brüllte.

»Mensch, Gernot«, sagte ich laut. »Du bist ja mächtig in Fahrt. So kommst du hier, glaub ich, nicht weiter.« Sein Kopf ruckte herum. Er starrte mich an. »Jetzt kriegst du eine reingehauen«, dachte ich und ärgerte mich sofort über meine Einmischung. Aber rausrennen ging nun nicht mehr. »Deeskalieren«, dachte ich und sagte: »Die wollen dich also entlassen. Sauerei. Komm, lass uns draußen einen Kaffee trinken und reden. Das hier bringt doch nichts.«

Gernot starrte mich weiter an. Dann nickte er. Seine Körperhaltung änderte sich. Er fiel förmlich in sich zusammen. Tränen liefen ihm über beide Wangen. In diesem Moment betraten zwei Therapeuten den Raum. »Was ist hier los?«, fragte einer der beiden mit lauter Stimme und stellte sich vor seine beschimpfte Kollegin. »Er hat sich schon wieder beruhigt«, sagte ich. Der Therapeut funkelte mich an und sagte: »Und Sie verlassen jetzt dieses Zimmer. Aber sofort. Das hier geht Sie nichts an.«

Ich dackelte raus. »Super«, dachte ich. »Da verhindert man durch gutes Zureden eine Eskalation bis hin zu möglichen Tätlichkeiten und wird zur Belohnung wie ein lästiger Gaffer des Raumes verwiesen.«

Gernot blieb nicht mehr lange in der Klinik. Was mich aber bis heute ärgert ist, dass die Therapeutin, der ich zur Seite gesprungen war, mich nie ansprach, sich etwa bedankte oder etwas klarstellte. Der Vorgang schien ihr peinlich zu sein, und sie vermied den Blickkontakt mit mir, wenn wir uns begegneten. Ich fand das saublöd. Ein kurzer Satz wie »Danke, dass Sie da so hilfreich interveniert haben« hätte mir gereicht. Therapeuten sind schließlich auch nur Menschen. Aber so wollte sie anscheinend nicht wahrgenommen werden.

Andere »Ereignisse« waren nächtliche Weinkrämpfe von Mitpatienten. Man klopfte dann, versuchte die Leidenden zu beruhigen und rief, wenn das nicht gelang, die Nummer des medizinischen Notdienstes, der auch einen Generalschlüssel hatte. Es war nämlich nie ausgeschlossen, dass verzweifelte Patienten sich etwas antaten. Ich habe das während meines Aufenthalts aber nicht erlebt.

Noch ein »Ereignis« muss ich hier erwähnen, weil es mich beeindruckt hat. Auf unserer Station gab es auch ein Liebespaar. Zwei verzweifelte Seelen, die sich mochten und aneinanderklammerten. Das war zwar nicht explizit verboten, aber von den Therapeuten nicht gern gesehen, weil es die ganze Gruppendynamik störte und die Patienten angeblich davon abhielt, sich ihren Problemen zu stellen. Also trafen sich die beiden wie Romeo und Julia nachts und schlichen heimlich in das Zimmer des anderen, wenn alles still war, oder machten lange Spaziergänge, um im Park allein zu sein. Wir Patienten hatten natürlich Kenntnis von der »Affäre« und freuten uns für die beiden. Es war hart genug, hier zu sein. Da konnten ein bisschen Liebe und ein wenig Sex nicht schaden. Ob ihre Beziehung auch wirklich hilfreich für die beiden war, kann ich nicht beurteilen. Sie hielt übrigens nicht lange. Kaum wieder draußen, trennten sich die Wege der beiden für immer, wie ich später erfuhr.

*

Es geht nach Hause

Und ich? Ich litt still vor mich hin und tat mir leid. Ich kam nicht weiter. Ich ging brav zur Einzel- und Gruppentherapie, hörte mir an, was gesagt wurde und versuchte, mein Verhalten, mein Denken zu verändern. Mit mäßigem Erfolg. Die dunkle Wolke aus Angst über meinem Kopf war weiter da. Und sie begleitete mich, wo immer ich auch hinging. So langsam begann ich mich mit dem Gedanken abzufinden, dass das vielleicht immer so bleiben würde. War das meine Zukunft? Wie ein ängstlicher Zombie durch mein weiteres Leben zu torkeln? Ohne Glück? Ohne Job? Womöglich am Ende ohne Familie? Nachts lag ich lange wach, schlief irgendwann erschöpft ein und erwachte im Morgengrauen vom Gezwitscher der Vögel. Ich war unfreiwillig zum Frühmorgens-Mensch geworden. Manchmal streifte ich schon vor dem Frühstück in aller Frühe durch den Park, wenn ich es in meinem Zimmer nicht mehr aushielt, um in der Natur irgendwie Trost zu finden.

Sie werden sich jetzt sicher fragen: Wie ist der Mann denn nun gesund geworden? Wie fand er raus aus der Klinik und zurück ins Leben? Die Frage ist nicht leicht zu beantworten. Es gab nicht den einen Moment, nicht das erlösende Erlebnis, kein plötzliches Umschalten im Kopf. Es war ein langsamer Prozess, der mich raus aus der Heilberg-Klinik brachte. Und ich wurde auch nicht entlassen, sondern ich entschloss mich eines Tages zu gehen. Nicht, weil ich wieder ganz der Alte war, sondern weil ich irgendwann das Gefühl hatte, draußen jetzt mit einer unterstützenden ambulanten Therapie einigermaßen klarzukommen.

Ich weiß nicht mehr genau, wann sich dieses Gefühl einstellte und die allgegenwärtige, dumpfe Depression wich. Aber es geschah. Es war wohl ein Zusammenkommen vieler Faktoren. Die Einzel- und Gruppentherapie lehrte mich, dass es keinen Sinn hatte, gegen die Angst zu kämpfen, sondern dass ich lernen musste, sie zu registrieren und auszuhalten. Sie war da. Sie war ein Teil meines Lebens. Aber ich begann nach und nach zu verstehen, dass dieses Leben eben noch so viel mehr zu bieten hatte, als die Angst und die Verzweiflung. Noch hatte ich ja keine Diagnose irgendeiner lebensbedrohlichen Krankheit. Und es war auch nicht abzusehen, ob und wann es zu so einer Diagnose überhaupt kommen würde. Aber da waren meine Frau und meine Kinder, meine Freunde, der Job und die Kollegen. Ich wollte das alles wieder erleben, mich und die anderen fühlen, sie wahrnehmen, wieder kreativ sein und arbeiten. Ich wollte mein Leben zurück. Das hatte ich vorher auch immer wieder in meinen dunkelsten Stunden gedacht und dann resigniert gemerkt, dass dieses Leben unerreichbar für mich geworden war. Jetzt rückte dieses Leben als Möglichkeit wieder näher.

Ja, ich konnte physisch krank werden. Aber noch war ich es nicht. Im Grunde war ich ein gesunder Mann im besten Alter. Schwer angeschlagen im Kopf. Aber wollte ich das ewig bleiben? Weiter in dieser Klinik als Zombie und Altvorderer vor mich hin brüten? Nein, das wollte ich nicht. Ich begann zu akzeptieren: Dass das Leben endlich ist. Dass es Risiken gab. Dass keiner wusste, was morgen war. Dass ich im Hier und Jetzt leben musste, weil es kein anderes Leben gab. Dass die Angst nicht weggehen würde, dass sie mich weiter begleiten, ich aber anders mit ihr umgehen musste. Ich sprach immer häufiger mit Frau Dietrich über ein mögliches Ende meines Klinikaufenthalts. Sie wollte sich nicht auf einen Zeitpunkt festlegen, konstatierte aber, dass ich Fortschritte machte. So sah das auch Gesa, die mir zu verstehen gab, dass sie mich gern wieder zu Hause bei der Familie sähe. »Wir schaffen das zusammen«, sagte sie. »Du, ich und deine Therapeutin. Ich spüre, dass du so weit bist.«

Ich war aber noch unentschlossen. Konnte ich wirklich schon raus? Sollte ich nicht lieber noch warten, bis es mir noch besser ging?

Ich erinnere mich daran, wann der endgültige Entschluss fiel. Ich war mal wieder allein draußen unterwegs gewesen. Die Sonne schien, und ich hatte irgendwo im Wald auf einer Bank gehockt und mir weiter leidgetan. Denn ich spürte, dass die Angst ja immer noch da war. Dann ging ich zurück in die Klinik. Draußen saßen Joachim und ein paar andere auf der Terrasse und tranken Kaffee. Sie sahen mich aus dem Wald kommen, winkten und machten ein paar dumme Sprüche. »Hey, Mann, wir dachten schon, du hättest dich aufgehängt.« Ich schob meine Sonnenbrille runter, lachte und sagte: »Wisst Ihr was? Ich hab beschlossen, damit noch zu warten. Am besten ein paar Jahrzehnte. Hab keinen Bock, da draußen irgendwo rumzuhängen.«

Gelächter. Ich holte mir ein Stück Kuchen und einen Kaffee und setzte mich zu den anderen. Ich fühlte eine überraschende Leichtigkeit. Und da wusste ich: Ich war so weit. Es war Zeit zu gehen. Nach Hause.

6.
SELBSTHILFE

Was kann ich tun?

Der Anfang ist die Einsicht

Sie werden es schon ahnen: Ich rate niemandem, der ernsthaft psychisch krank ist, das allein durchzustehen und sich sozusagen selber zu therapieren. Grundsätzlich gilt: Je früher man eine Störung therapeutisch und/oder medikamentös behandelt, desto besser sind die Heilungschancen. Ich habe sehr lange – ach was – ich habe eindeutig **zu lange** gewartet, bis ich mir professionelle Hilfe geholt habe. Ich hätte mir und meiner Familie einiges erspart, wenn ich schneller den Weg zu einem Therapeuten gesucht hätte. Und ich wäre schneller auf eben diese Idee gekommen, wenn ich grundsätzlich früher begriffen hätte, dass ich wirklich krank war. Ich wusste nur, dass etwas mit mir nicht stimmte und dass es immer schlimmer wurde. Aber das Leiden war diffus, eine Mischung aus Angst, Depressionen und Zwängen, die mal schlimmer, mal aber auch wieder besser wurden. Ich hatte aber einfach keine Worte, keine Kategorien, für das, was in meinem Kopf passierte. Ich schilderte das ausführlich im Kapitel »Das Therapeuten-Bingo«.

Mittlerweile habe ich meine Therapien und einen Klinikaufenthalt hinter mir. Ich habe dabei viel gelernt und auch etliche Sachbücher zum Thema »Psychische Krankheiten« gelesen. Ich wünschte, ich hätte diese Bücher früher in Händen gehabt. Denn einige dieser Werke sind sehr gut und können einem wirklich »Erste Hilfe« leisten und wichtige Erkenntnisse vermitteln, um zu verstehen, was mit einem passiert. Wer, wie ich, Zwangsgedanken entwickelt und entsetzt denkt, er sei vollkommen verrückt, der ist sehr allein mit sich und seinem Elend, weil das alles so schwer zu erklären und zu schambesetzt ist. Erst Jahre später stieß ich auf das Buch *Zwangshandlungen und wie man sich davon befreit* von Jeffrey M. Schwartz. Es war wie eine Offenbarung. Ich fand in diesem Buch in einigen Teilen genau beschrieben, was ich durchmachte. All die teuflischen Muster, die verzweifelten Versuche, den Druck im Kopf zu verringern, all die Gedanken, die ich nicht haben wollte und die doch nicht weggingen. Erst nach der Lektüre dieses Buches *verstand* ich, was ich hatte, und dass ich nicht allein mit meinem Problem war, sondern dass eine wachsende Zahl von Menschen weltweit davon betroffen waren und sind.

Ebenso ging es mir mit dem Buch *Die zehn Gesichter der Angst – Ein Handbuch zur Selbsthilfe* von Hans Morschitzky und Sigrid Sator. Es war verblüffend, wie viel von meinen Problemen und wie viele der späteren therapeutischen Maßnahmen ich hier schon genannt fand, die mir später halfen, gesund zu werden. Manchmal dachte ich: »Mensch, dieses Buch wurde nur für mich verfasst«, so genau beschreiben die Autoren, was in meinem Kopf vorging.

Am Ende dieses Buches finden Sie ein ausführliches Literaturverzeichnis mit empfehlenswerten Büchern. Ich sage noch einmal: Sie alle ersetzen keine Therapie, aber sie können diese unterstützen, sie können einem wichtige Erkenntnisse verschaffen, und ich glaube sogar, dass sie Menschen mit schwach ausgeprägten Störungen helfen können, den richtigen Weg zur Bewältigung zu finden.

Ein weiteres Buch will ich an dieser Stelle empfehlen, weil es so großartig ist. Lesen Sie *Ziemlich gute Gründe, am Leben zu bleiben* des Engländers Matt Haig, auch wenn Sie keine Depressionen haben. Es lohnt sich auf jeden Fall. Es ist großartig geschrieben und das beste Buch über Depressionen, das ich kenne. 304 Seiten über einen jungen Mann, der dachte, dass sein Leben vorbei sei, der durch die Hölle ging und wieder hinausfand. Es ist ein Mut machendes Buch, das Leben retten kann.

Auch keine schlechte Idee sind Selbsthilfegruppen. Man findet etliche im Internet. Auch sie ersetzen keine Therapie, aber man findet dort mit etwas Glück Leidensgenossen, und allein das lindert schon, weil man sich aufgehoben und angenommen fühlt. Das ist sicher nicht jedermanns und jederfraus Sache, aber auf jeden Fall einen Versuch wert. Oft stoßen Sie dort sogar auf Leute mit Therapieerfahrung, die hilfreiche Tipps geben können.

Mir hat auch Bewegung geholfen. Man hört ja immer wieder, dass Sport wie Joggen, Nordic Walking, Schwimmen etc. gut gegen Depressionen sei, und viele Studien betonen den positiven Effekt von Sport auf psychisch Kranke. »Gesundlaufen« kann man sich zwar nicht, aber allein das Sich-Aufraffen, statt sich hängen zu lassen und das Draußen-Sein in dem für unsere Psyche so wichtigen Tageslicht sind schon mal grundsätzlich sehr positiv und unterstützen die Heilung. Man erfährt, dass man noch was schaffen kann und nicht nur ein Opfer ist, das zu Hause vor sich hin dämmert.

Sportmuffel ade

Eben dieses Sich-Aufraffen ist genau das Problem. Schon Gesunden gelingt es ja schwer, für Depressive oder Angstkranke ist es eine noch größere Hürde. Es muss sie also jemand motivieren: der Arzt, die Angehörigen, Freunde. Zur Not muss ich das hier mit den folgenden Zeilen machen, indem ich mal beschreibe, wie ich als Sportmuffel zum regelmäßigen Jogger wurde. Also, ich war bis zu meinem neununddreißigsten Lebensjahr »sporttechnisch« eine faule Sau, um es deutlich zu sagen. Ich dachte: Mann, ich arbeite viel und renne dauernd in meinem Verlag rum, ich bin nicht dick – warum soll ich mich noch mehr bewegen? Ich will ja auch mal meine Ruhe haben und meine Frau und meine Kinder genießen, wenn ich zu Hause bin und nicht gleich wieder irgendwo hinrennen, um Sport zu treiben. Hinzu kam meine intensive Abneigung gegen jede Art von Sportverein und Mannschaftssport. Das war eine Folge des Schulsports, den ich immer als demütigend empfunden hatte. Ich wurde geschubst, umgerannt, musste über Böcke und Kästen springen, obwohl ich nicht wollte, und mich am Barren quälen. Allein der Geruch von Umkleidekabinen ist für mich bis heute ein Pesthauch der Erniedrigung. Auf die Idee zu joggen kam ich auch nicht. Bei mir hatte sich nämlich der Gedanke festgesetzt, dass ich unsportlich sei. Bin ich gar nicht, aber das habe ich erst gemerkt, als ich dann später mal verschiedene Sportarten ausprobierte. Ich bin zum Beispiel ein sehr ordentlicher Badmintonspieler mit einer Reaktionsschnelligkeit, die in gewissen Momenten an Spiderman erinnert, wie mir mal jemand sagte. Fand ich gut. Ich war es nicht gewohnt, beim Sport gelobt zu werden. Sie werden sich jetzt langsam – und völlig zu Recht – fragen, wie ich, der Sportmuffel, denn nun zum Sport fand, wenn mich das alles so nervte?

Es war Martin, mein Therapeut, der mir eines Tages – noch während der Zeit meiner ersten Therapie – vor einem Urlaub mit meiner Familie auf der schönen Insel Bornholm eine Hausaufgabe mitgab. Wir hatten viel über mein grundsätzliches Misstrauen meinem Körper gegenüber gesprochen, dem ich einfach nicht zutraute, gesund zu sein. Martin sagte: »Wir müssen mal ein bisschen prüfen, was da alles so geht. Ich bitte Sie, im Urlaub Folgendes zu tun: Sie nehmen Sportschuhe mit und laufen am ersten Morgen direkt nach dem Aufstehen so lange, bis Sie erschöpft sind. Und diese Strecke laufen Sie dann jeden Morgen. Und anschließend reden wir darüber, wenn Sie wieder da sind.«

Ich war wenig begeistert, aber da ich die Therapie bei Martin sehr ernst nahm und unbedingt gesund werden wollte, tat ich, was er mir aufgetragen hatte.

Am ersten Urlaubsmorgen wachte ich früh auf. Gesa und die Jungs schliefen noch. Draußen schien die Sonne. Ich zog mir die Turnschuhe, eine Jogginghose, die ich mir extra gekauft hatte, und ein T-Shirt an, ging raus und trabte los in Richtung Meer. Die Luft war frisch, die Vögel zwitscherten, kein Mensch war zu sehen – nur ich und die Natur. Bald verflog die Morgenmuffeligkeit, und ich fühlte mich gut. Ich lief am Strand entlang. Dann merkte ich jedoch, wie es langsam anstrengend wurde. Mein Herz klopfte, ich atmete schwerer, begann zu schwitzen. Was hatte Martin gesagt? Ich solle laufen, bis ich erschöpft bin. War ich schon erschöpft? Nicht wirklich. Also rannte ich weiter am Strand entlang und dann wieder landeinwärts in Richtung der Ferienhäuser. Als ich dort ankam und mich schwer atmend auf die Bank vor dem Haus fallen ließ, konnte ich mit Fug und Recht sagen, dass ich erschöpft war – und zwar richtig. Nach ein paar Minuten ging ich ins Haus und duschte. Mann, das sollte ich jetzt jeden Morgen machen? Ganz schön heftig. Aber ich tat es – und wunderte mich. Schon nach ein paar Tagen fiel mir die Strecke leichter, und nach drei Wochen, am Ende des Urlaubs, lief ich die rund vier Kilometer locker und mit großer Begeisterung. Seitdem bin ich Jogger. Nicht mehr jeden Morgen, aber mindestens drei Tage in der Woche. An zwei anderen sitze ich auf meinem coolen »WaterRower«, einem Rudergerät mit einem Wassertank, in dem man beim Rudern eine Art Wasserrad bewegt. Es plätschert, und wenn man die Augen schließt, fühlt man sich wie auf einem See.

Sport hat mich nicht gesund gemacht, aber ich bin sicher, die regelmäßige Bewegung hat mir geholfen. Es ist immer gut, etwas zu tun, wenn man psychisch krank ist: Sport, Leute treffen, ausgehen, Musik hören, Filme sehen. Klingt wie eine Binse, ist aber wichtig. Sitzen und dumpf brüten hilft nie. Und das tut man ja oft genug. Ich spreche aus Erfahrung. Handeln dagegen ist gut, meist geht es einem dann etwas besser. Vielleicht nur ein bisschen, aber dieses bisschen kann schon ein kleines Geschenk inmitten der Düsternis sein und einem zeigen, dass da noch etwas anderes im Leben ist als die Angst, die Depression oder der Zwang.

7.
MACKENKUNDE – DAS REICHE GEDECK DES IRRSINNS

Angst, Depressionen, Zwänge, Panikattacken

Ein kleines Lexikon der lockeren Schrauben

Ich sprach ja schon von den Dämonen als Bild für die destruktive Kraft psychischer Störungen. Diese Dämonen suchen und finden ihre Opfer jeden Tag und quälen sie. Und sie haben viele Gesichter. Tatsächlich fühlen sich viele Kranke regelrecht überfallen oder besetzt von einer fremden Macht, die ihnen die Lebensfreude und das Selbstbewusstsein raubt. Einige der häufigsten psychischen Erkrankungen werde ich im Folgenden kurz skizzieren. Das Ganze ist sehr allgemein gehalten und ersetzt keinesfalls die gesicherte Diagnose eines Arztes oder Psychologen. Es geht mir nur um eine grobe Darstellung der bedrückenden Problemfelder, denen sich so viele Menschen ausgesetzt sehen.

Depressionen

Wohl die häufigste psychische Erkrankung. Jeder fünfte Mensch hierzulande erkrankt im Lauf seines Lebens an einer Depression. Gleichzeitig ist der Begriff »Depression« auch einer der unschärfsten und missverständlichsten Begriffe im Zusammenhang mit psychischen Problemen. Mal »nicht gut drauf sein« – das kennt jeder. Ebenso vorübergehende Stimmungstiefs. Den »Blues« hat fast jeder mal. Das ist keine Depression. Eine Depression ist im schlimmsten Fall die vollkommene Abwesenheit von Lebensfreude, ist Negativ-Denken in Reinkultur. Depressive empfinden fast nur noch ein Gefühl der Leere. Sie können sich zu nichts mehr aufraffen, sich für nichts und niemanden mehr begeistern, sie vereinsamen, leiden unter Schlafstörungen oder extremer Müdigkeit und Appetitverlust. Es ist, als ob jemand einen Grauschleier über diese Menschen gezogen hätte, der sämtliches Denken und Fühlen bedeckt und sie die Welt nur noch in diesem düsteren Grau sehen lässt. »Eins der wesentlichen Symptome der Depression ist, keine Hoffnung zu haben. Keine Zukunft zu sehen. Da ist kein Licht am Ende des Tunnels, denn der Tunnel ist an beiden Enden zu und du bist drin.« So schildert der Brite Matt Haig die Depression in seinem großartigen Buch *Ziemlich gute Gründe, am Leben zu bleiben*.

Oft haben Depressive auch körperliche Symptome, leiden unter Magen- und Darmproblemen, dem Verlust der Libido und/oder ständigen Kopfschmerzen. Häufig haben Depressive Suizidgedanken. Nicht selten kommt es zu Trennungen und dem Auseinanderbrechen ihrer Familien. Auch die Angehörigen leiden, werden gar krank. Der eben erwähnte Matt Haig, ein Betroffener, hält die Depression für eine der tödlichsten Krankheiten auf unserem Planeten, da die meisten Menschen, die sich umbringen, depressiv seien. Das kann man so sehen.

Eine Depression ist eine Krankheit und keine Verstimmung, die sich irgendwann von selber wieder legt. Man unterscheidet leichte, mittelschwere und schwere Depressionen. In den ersten beiden Fällen können die Erkrankten mehr oder weniger und unter großen Mühen in der Familie oder im Beruf noch funktionieren. Im Falle einer schweren Depression sind die Betroffenen nicht mehr arbeitsfähig und meist auch nicht mehr in der Lage, sich selbst zu versorgen. Ich kenne jemanden, der am Ende seines depressiven Weges nicht mehr aus seinem Bett aufstand und jede Energie verloren hatte. Schließlich ließ ihn seine Frau abholen und in eine Klinik einweisen. Es war ein langer Weg, aber heute geht es ihm wieder gut. So weit sollte man es niemals kommen lassen. In jeder der drei eben genannten Abstufungen ist es ratsam, sich behandeln zu lassen. Wer nach zwei Wochen unverändert niedergeschlagen ist, sollte nicht zögern, einen Arzt oder Therapeuten aufzusuchen. Depressionen werden gemeinhin mit einer Psychotherapie behandelt, oft auch in Kombination mit Antidepressiva.

Auch wenn Betroffene das häufig nicht glauben – man kann Depressionen in den meisten Fällen gut behandeln. Es gibt einen Weg hinaus aus der inneren Leere.

Hier erfahren Erkrankte und Angehörige mehr über das Thema:

https://www.deutsche-depressionshilfe.de/start
Die Seite bietet auch die Nummer eines Info-Telefons.

Burnout

Es gibt eine anhaltende Diskussion darüber, ob es sich hier um eine klar beschreibbare Krankheit handelt oder vielmehr um einen Modebegriff, der verschiedene psychische Probleme streift. Dass Burnout (deutsch: Ausbrennen) gern auch als »Managerkrankheit« bezeichnet wird, sagt ja schon einiges. Grundsätzlich versteht man unter Burnout eine Phase großer Erschöpfung nach langanhaltendem Stress bzw. großer Belastung. Diese Erschöpfung kann sich körperlich wie psychisch zeigen und durchaus problematische Folgen wie Schlaflosigkeit, Alkohol- oder Drogenmissbrauch generieren. Auch quälende Ängste und Überforderungsgefühle können eine Folge langer Belastung sein.

Die Abgrenzung zur Depression fällt oft schwer. Anhaltende Müdigkeit, Rückzug, nachlassende Leistungsfähigkeit und das Gefühl innerer Leere sind sowohl Anzeichen einer Depression, werden aber auch häufig im Zusammenhang mit dem Thema Burnout formuliert. Hier kommt es wohl wesentlich auf die Intensität und die Häufigkeit der genannten Symptome an. Eine Standardtherapie gibt es für Burnout nicht. Auf jeden Fall sollte ein Arzt körperliche Ursachen für die Beschwerden ausschließen, und die Betroffenen sollten sich therapeutische Hilfe holen, wenn die Beschwerden über mehrere Wochen anhalten.

Nicht jede Erschöpfung, nicht jeder Blues nach Problemen im Job ist jedoch gleich eine Störung, die behandelt werden muss. Oft müssen die Betroffenen vor allem die eigenen Ansprüche und Erwartungshaltungen überprüfen, mehr Pausen machen, lernen, auch mal »nein« zu sagen, für Ausgleich und Entspannung sorgen und Sport treiben. Wem all dies nicht aus eigenem Antrieb gelingt, der sollte sich therapeutische Hilfe holen.

Panikattacken

Hier handelt es sich um ständig wiederkehrende, quälende Angstattacken, meist verbunden mit körperlichen Symptomen wie Herzrasen, Atemnot, Schwindel, Zittern, Hitzewallungen, Schmerzen oder starkem Schwitzen. Meist dauern diese Attacken wenige Minuten, sie können aber auch deutlich länger anhalten. Die Betroffenen empfinden die Attacken als höchst bedrohlich. Sie fühlen sich völlig ausgeliefert, sind unfähig, sich zu beruhigen, und haben nach dem Abklingen der Anfälle große Angst, dass sich das Erlebte wiederholt. Diese Angst kann das Leben der Betroffenen stark einschränken, besonders, wenn es nicht bei einer Attacke blieb. Die Häufigkeit von Panikattacken schwankt. Manche Menschen sind täglich betroffen, andere haben derartige Anfälle deutlich seltener, beispielsweise monatlich. Sie können unvermittelt nachts im Bett auftreten, aber auch, während man eigentlich scheinbar gelassen vor dem Fernseher sitzt. Oft sind Panikattacken auch mit einem bestimmten Ort oder einer speziellen Situation, die als auslösende Faktoren gelten, verbunden. Man spricht dann von einer **Agoraphobie,** landläufig Platzangst genannt. Die Betroffenen meiden dann bestimmte Orte und/oder Situationen wie Fahrstühle, Kinos, Flugreisen oder Menschenansammlungen.

Häufig werden Panikattacken für einen Herzinfarkt oder Ähnliches gehalten. Im Krankenhaus erfahren die Betroffenen dann, dass sie körperlich gesund sind und das Problem psychischer Natur ist. Allein diese Erklärung kann schon bei der nächsten Attacke helfen, weil das Geschehen besser einzuordnen ist. Die Ursachen für die Anfälle sind häufig Stress, Überforderung oder verdrängte Konflikte. Panikattacken lassen sich gut behandeln, sofern es dem Patienten gelingt, die Stressauslöser zu erkennen und anders mit ihnen umzugehen. Dies kann auch im Rahmen einer Therapie geschehen, die nicht unbedingt lange dauern muss. Mediziner empfehlen zudem Entspannungsübungen, regelmäßigen Sport, ausreichend Schlaf und den weitgehenden Verzicht auf Alkohol, Nikotin und zu viel Kaffee.

Generalisierte Angststörung

Diese psychische Krankheit ist sozusagen die böse Königin unter den Angsterkrankungen. Wenn Panikattacken Überfälle sind, dann ist die generalisierte Angststörung eine Art Besatzung. Die Angst ist eine fremde Macht, die das eigene Hirn dauerhaft besetzt hält. Die Betroffenen sind in einem langanhaltenden Ausnahmezustand. Sie machen sich über alles Sorgen: um sich, ihre Lieben, die Wohnung, das Haustier, eventuellen Jobverlust, Gift im Essen, Blei im Wasser, Chemie in der Kleidung, Schimmel in der Wohnung. Alles und jeder, den man liebt, ist bedroht. Von unsichtbaren Mächten, Giften, Gefahren. Die Angst ist allumfassend und diffus. Sie wabert wie ein dunkler Nebel umher und setzt sich wahllos auf Menschen, Dinge, Situationen. Auslöser gibt es immer. Die Erkrankten können kein Risiko mehr ertragen. Sie überschätzen Gefahren bis ins Groteske. Autofahren endet immer mit einem schweren Unfall. Flugzeuge stürzen selbstverständlich ab. Bakterien lauern überall. Die Betroffenen sind dauerhaft angespannt, schlafen schlecht, erwachen im Morgengrauen und grübeln. Ihr Herz rast, sie schwitzen viel. Ihr Mund ist oft trocken, und oft ist ihnen übel. Sie sind die ruhelosen Hauptdarsteller in einem immerwährenden, selbst inszenierten Katastrophenfilm. Häufig werden die Erkrankten depressiv.

Heilung erfolgt meist durch eine Psychotherapie und/oder

medikamentöse Behandlung. Die Betroffenen müssen lernen, ihr Leben zu leben, statt nur angstbesetzt in die Zukunft zu schauen. Lange eingeschliffene Denk- und Gefühlsmuster müssen durchbrochen und durch alternative Verhaltensweisen ersetzt werden.

Soziale Phobie

Auch soziale Angststörung genannt. Die Erkrankten sind ebenfalls perfekte Katastrophenspezialisten. Nur ist die befürchtete Katastrophe nicht diffus, sondern klar umrissen: Alle anderen sind toll, und ich bin der Depp. Die anderen lachen über mich, beobachten mich, bewerten mich. Ich schäme mich so. Ich kann nirgends hin, ohne mich zu blamieren. Sozialphobiker leiden sehr. Was anderen leichtfällt, ist bei ihnen extrem angstbesetzt: Vor Menschen reden. In einem Restaurant essen. Jemanden kennenlernen. Sich auseinandersetzen. Eine Ware reklamieren. Telefonieren. All das ist der reine Horror für die Erkrankten. Wenn sie dennoch mit einer dieser Situationen konfrontiert werden, geraten sie in einen psychischen Ausnahmezustand, zittern, werden rot oder müssen dringend auf die Toilette. Und deshalb vermeiden sie solche Situationen und werden zu angstbesetzten Einsiedlern, die lieber allein und einsam zu Hause hocken, als sich irgendeiner Herausforderung zu stellen, die mit anderen Menschen zu tun hat. Woody Allen und andere haben aus solchen Figuren skurrile Filmhelden gemacht. Die Wirklichkeit hat damit wenig zu tun. Für Menschen mit sozialer Phobie ist der Kontakt mit Fremden in der Öffentlichkeit so angstbesetzt wie das Betreten eines Tigerkäfigs für einen Gesunden. Die Erkrankung kann gut mit einer Verhaltenstherapie und/oder angstlösenden Medikamenten behandelt werden.

Andere spezielle Phobien

Neben der sozialen Phobie gibt es eine ganze Reihe anderer Angststörungen, die sich speziell auf Objekte, Situationen oder Lebewesen beziehen. Die Betroffenen empfinden bei Kontakt zum Angstauslöser oder einer bestimmten Situation sehr große Angst und/oder Ekel und reagieren mit Panik, Flucht oder völliger Erstarrung. Bekannt ist die Angst vor Spinnen, Hunden oder Mäusen, aber es gibt auch Menschen, die tote Vögel, Käfer, Katzen oder Schlangen fürchten oder den Anblick von Atompilzen, Planeten oder Blut nicht ertragen. Auch die Höhenangst zählt zu den Phobien, ebenso wie die übermäßige Furcht vor Ansteckung oder Verschmutzung im ganz normalen Alltag. Solche Menschen würden nie ein Stück Brot essen, wenn sie vorher einen Haltegriff in einem Bus angefasst haben. Hier ist die Grenze zu einer Zwangserkrankung jedoch nicht leicht zu ziehen. Phobien können sehr gut mit einer Verhaltenstherapie bekämpft werden, in der die Betroffenen nach und nach durch Konfrontation mit dem Angstreiz desensibilisiert werden. Der Weg aus der Angst geht durch die Angst.

Magersucht

Diese Erkrankung, auch Anorexie genannt, ist die wohl bekannteste und meistdiskutierte unter den psychisch bedingten Essstörungen. Die Betroffenen tun alles, um ihr Gewicht zu reduzieren. Ihre Körperwahrnehmung ist dabei stark gestört. Magersüchtige finden sich sogar noch zu dick, wenn sie grotesk abgenommen haben. Die Krankheit kann im schlimmsten Fall tödlich verlaufen. Zuvor sind Blutarmut, Magen-Darm-Beschwerden, niedriger Blutdruck und Herzprobleme die Folge des selbst auferlegten Nahrungsmittelverzichts. Frauen, insbesondere junge Mädchen, sind überdurchschnittlich häufig betroffen.

Das Verhältnis zum Essen hat oft zwanghafte Züge. Das Thema ist lebensbeherrschend. Die möglichen Ursachen für die Erkrankung werden in Fachkreisen immer wieder diskutiert. Eine gestörte Persönlichkeitsentwicklung, familiäre Probleme oder die Rollen- und Körperklischees in den Medien und insbesondere in der Modewelt könnten Auslöser oder zumindest Verstärker der Störung sein. Eine Therapie ist bei Magersucht dringend angezeigt.

Bulimie

Die Bulimie gehört ebenfalls zu den psychisch bedingten Essstörungen. Auch hier geht es den Betroffenen um Gewichtsreduktion, aber die Dynamik ist anders. Es geht hier nicht um das langanhaltende langsame »Immer-weniger-Essen«. An Bulimie erkrankte Menschen haben vielmehr häufig regelrechte Fressattacken und bringen sich anschließend zum Erbrechen. Es ist ein ständiges Hin und Her. Wenn man so will ein ständiges quälendes Rein und Raus in Bezug auf die Nahrung. Bulimiker sind meist weniger dünn als Magersüchtige. Nicht selten sind sie sogar übergewichtig. Auch hier ist das Thema Essen zwanghaft besetzt. Depressionen und/oder autoaggressives Verhalten sind häufig die Folge. Die Ursachen für Bulimie können Störungen der Persönlichkeitsentwicklung, ein niedriges Selbstwertgefühl oder ebenfalls die krankhaft verinnerlichten Rollen- und Körperklischees in den Medien und der Modewelt sein. Auch hier ist therapeutische Hilfe dringend geboten.

Fettleibigkeit

Streng genommen fällt Adipositas, so der lateinische Name, nicht offiziell unter die psychischen Krankheiten. Dennoch gehört Fettleibigkeit aus meiner Sicht zu den Essstörungen. Die Betroffenen sind süchtig nach Essen, nehmen immer mehr zu, leiden darunter und können es dennoch nicht lassen. Herz- und Kreislaufprobleme, Diabetes, Gelenkverschleiß und andere schwerwiegende Krankheiten sind die Folge. Und das Problem nimmt zu. Mehr als die Hälfte aller Deutschen sind nach einer Studie der WHO übergewichtig und in Gefahr, in die Fettleibigkeit abzurutschen, wobei der Anteil der Männer überproportional steigt. Meist wird das falsche Essen schon in der Kindheit »gelernt«. Essen als Belohnung, als Beruhigung, als Ausgleich für erlittene Kränkungen oder Enttäuschungen – so wird Nahrungsaufnahme zum Fetisch, zur Droge. Hinzu kommt der viel zu hohe Fett- und Zuckeranteil in der von vielen Deutschen bevorzugten Fertignahrung, der das Problem zusätzlich verschärft. Manchen Fettleibigen würde eine Ernährungsberatung verbunden mit therapeutischer Hilfe sicher sehr nützen.

Zwangserkrankungen

Menschen, die an dieser Störung leiden, sind Getriebene, rastlose Opfer eines gemeinen Mechanismus. Sie tun zwanghaft Dinge, um Ängste und Befürchtungen zu kontrollieren, zu vermindern oder ganz zu vermeiden. In der harmlosen Variante kennen das viele Menschen. Man nennt das dann häufig Tick, Spleen oder auch gern mal Aberglaube. So etwas wie »Gegenstände auf dem Esstisch symmetrisch arrangieren«, »nicht auf Fugen im Boden treten« oder »den Kaffeebecher immer auf dieselbe Art« halten. Menschen mit echten Zwängen könnten über solche Harmlosigkeiten nur lachen – wenn ihnen denn noch zum Lachen zumute wäre.

Aber das ist nicht der Fall. Zwangskranke leiden, tun bizarre und selbstzerstörerische Dinge, um einen wahnsinnigen Druck zu verringern, der in ihrem Hirn tobt. Sie duschen dreißigmal am Tag, weil sie befürchten, dass sonst einem Angehörigen etwas passiert. Sie kontrollieren vor dem Verlassen des Hauses minutenlang, ob der Herd auch ausgeschaltet ist. Aber kaum sind sie aus der Tür, da drehen sie um und kontrollieren noch einmal, ob er auch wirklich aus ist. Oft fahren sie sogar nach mehreren Minuten noch einmal nach Hause und kontrollieren ein drittes Mal. Und auch danach kreisen ihre Gedanken im Job immer um die Frage: »Habe ich den Herd auch wirklich ausgemacht?« Zwangskranke vermeiden krampfhaft, bestimmte Worte oder Zahlen zu sagen, weil sonst etwas Schlimmes geschehen könnte. Ihr Denken kreist um Katastrophen, Gewalt, Scham oder Krankheit. Sie waschen sich hunderte Male am Tag die Hände, aus Angst, es könnten Bakterien daran sein. Sie waschen sie manchmal zwanghaft so oft, bis ihre Hände rot und wund sind. Doch sie machen weiter. Denn die Zwangshandlung beruhigt sie nur kurzfristig. »So, jetzt sind meine Hände sauber«, sagen sie sich und der Druck lässt nach. Aber schon die nächste Berührung mit einem Gegenstand oder einer Person setzt die zwanghaften Gedankenketten wieder in Gang: »Diesen Türknauf habe ich berührt, als ich von draußen kam. Und da habe ich Dinge angefasst, die vielleicht voller Bakterien waren. Ich sollte mir die Hände noch einmal waschen.« Aber bei diesem einen zusätzlichen Waschen bleibt es nicht. Irgendetwas wird der Zwang schon finden, das verseucht oder verschmutzt ist. Auch, wenn sich diese Verunreinigung nur im Kopf des Betroffenen abspielt und wenig bis gar nichts mit der Realität zu tun hat. So ein Waschzwang gehört zu den häufigsten krankhaften Handlungen von Zwangserkrankten.

Das Wesen des Zwangs ist der Zweifel

Habe ich wirklich alles getan, um ein Unglück abzuwenden? Nein, bestimmt nicht. Ich muss jetzt diese eine Sache machen, damit es nicht passiert. Ich muss kontrollieren, waschen, zählen, etwas Bestimmtes im Kopf genau wiederholen. Die Betroffenen wissen auf einer Ebene ihres Bewusstseins meist, dass das, was sie tun, falsch oder verrückt ist. Aber der Zwang ist stärker. Sie tun es trotzdem, weil sie so bestimmte Gefühle vermeiden, die sie nicht haben wollen. Und das Schlimme ist, dass sie die Dosis ständig erhöhen müssen. Kurzfristig beruhigt die Zwangshandlung, aber nur bis sich der Druck wieder umso mächtiger aufbaut und durch eine erneute Zwangshandlung verringert werden muss. Oft kreisen die Zwangsgedanken um Tabus, um Gewalt oder Sexualität etwa. Die Betroffenen fürchten zum Beispiel, sie könnten einem geliebten Menschen etwas antun, nur, weil sie ein Messer auf dem Küchentisch liegen sehen. Sie halten sexuelle Impulse oder Gedanken für unangemessen, halten sich für blasphemisch oder unmoralisch.

All die aggressiven oder scheinbar unmoralischen Gedanken oder Impulse, die bei jedem Menschen gelegentlich am Rande seines Bewusstseins auftauchen und denen wir achselzuckend keinerlei Bedeutung schenken, werden bei Zwangskranken übergroß, bedrückend und übermächtig. Sie bestimmen ihr Denken und Fühlen. Manche der typischen Zwangshandlungen werden dann ausgeübt, um diese Übermacht zu verringern. Versucht wird eine Abwehr des Gedankens durch ein Ritual. Aber Ordnungs-, Wiederholungs- oder Kontrollzwänge finden auch statt, ohne dass klar ist, was genau der Handelnde vermeiden oder »bannen« will. Wir alle haben ja schon von Leuten gehört, die aus komplett vermüllten, mit unzähligen Kartons vollgestopften Wohnungen geholt wurden, weil sie einfach nichts wegschmeißen konnten. Es könnte ja etwas Wichtiges, Wertvolles in einem der Kartons sein. Also lieber behalten.

Ich habe das Thema Zwang an dieser Stelle etwas ausführlicher geschildert, weil ich mich aus eigener, leidvoller Erfahrung hier ganz gut auskenne, und weil das Wesen dieser Erkrankung im Gegensatz zu Themen wie Depressionen oder Phobien vielen nicht bekannt ist. Die Krankheit scheint bei uns im Land auf dem Vormarsch zu sein. Oft entwickelt sich aus einer Zwangserkrankung leider auch eine Depression, eine Angsterkrankung oder eine Sucht. Die Betroffenen betäuben sich, weil sie den ständigen Druck nicht mehr aushalten wollen. Unbedingt angezeigt ist eine Verhaltenstherapie – oft unterstützt durch Medikamente –, die den Erkrankten hilft, bestimmte Denkmuster zu durchbrechen und sich negativen Gefühlen zu stellen, statt sie zu verdrängen. Etliche psychosomatische Kliniken sind heute auf die Behandlung von Zwangserkrankten spezialisiert.

Hypochondrie

Über Hypochonder wird viel gelacht und gelästert. Woody Allen ist ein bekannter Betroffener. In vielen seiner Filme hat er sich auf großartige Weise selber über seine Ängste lustig gemacht. Und manchmal ist es ja auch auf den ersten Blick komisch, wie grotesk sich Menschen mit Krankheitsängsten verhalten und jeden »Pups«, jedes Pieksen für das nahende

Ende halten. Aber ich kann aus eigener Erfahrung sagen: Wer wirklich unter Hypochondrie leidet, erlebt die Hölle. Beinahe das ganze Denken und Fühlen der Betroffenen kreist um das Thema Krankheit. Es ist quälend und zerstörerisch. Entweder haben Hypochonder panische Angst krank zu werden, oder sie sind der festen Überzeugung, bereits krank zu sein. Manchmal wechselt das Bedrohungsszenario auch. Viele Experten betrachten die Hypochondrie als eine Form der Angst- bzw. Zwangsstörungen. Die vielen Arztbesuche der Betroffenen und das ständige Abtasten und Untersuchen des Körpers stehen hier für das Zwangsritual. Hypochonder sind in einem ständigen Alarmzustand. Sie lauschen ununterbrochen in sich hinein und interpretieren jedes Körpersignal als Symptom. Ihr Denken ist katastrophisch. Ständig untersuchen sie sich und überwachen und beobachten ihre Körperfunktionen, immer in Furcht, Abweichungen oder Unregelmäßigkeiten, Asymmetrien zu entdecken. Auch die Körperausscheidungen werden akribisch überwacht. Es könnte ja Blut darin sein. Sie schonen und schützen sich. In ihrer Umgebung werden alles und alle auf mögliche Krankheitsübertragungsrisiken »gescannt«. Lieber schnell waschen nach dem Händeschütteln. Bloß nichts anfassen in öffentlichen Toiletten. Nichts Ungesundes essen. Jeder Bericht in den Medien über medizinische Probleme wird sofort »persönlich« genommen und auf sich bezogen. Manche verschlingen jede greifbare medizinische Literatur, andere vermeiden diese krampfhaft.

Sehr oft kreisen die Gedanken um das Thema Krebs, als diffuse Bedrohung, deren mögliche Auslöser ja vielfältig sind. Aber auch AIDS, Multiple Sklerose oder andere Erkrankungen können im Fokus der Störung stehen. Je diffuser ein Krankheitsbild, desto »geeigneter« für den Hypochonder. Irgendwas

7. MACKENKUNDE **157**

findet er immer, das passt. Gesundheit ist für den Hypochonder völlige Symptomfreiheit. Am besten ist es, gar nichts zu spüren. Dann ist man gesund. Aber meist spürt man ja irgendetwas. Ständig lassen sich die Betroffenen deshalb von Ärzten beruhigen, verlangen Untersuchungen, gehen zu Vorsorgeterminen aller Art – doch lange hält die Beruhigung nie. Der Zweifel kommt schnell wieder. Hat der Arzt auch gründlich geguckt? Muss ich nicht noch weitere Untersuchungen machen lassen? Habe ich nicht vergessen, einen Aspekt zu erwähnen? Nie kommt die ersehnte Sicherheit. Es gibt ihn nicht, den Stempel, den jeder Hypochonder will. Auf dem müsste nämlich stehen: »Hiermit bestätige ich Herrn oder Frau XY, dass er/sie vollumfänglich gesund ist und nie ernsthaft krank werden wird.«

Es gibt keine Ruhe für Hypochonder, wenn sie sich ihrer Störung nicht stellen. Sie sind gefangen in ihrer ganz persönlichen Angsthölle. Die Störung wandert im Körper. Heute ist es der Darm, morgen das Herz und übermorgen haben sie Angst, dement zu werden, nur, weil ihnen der Namen eines Kollegen nicht einfällt. Die Verzweiflung, die sich daraufhin einstellt, ist riesig. Nervosität, sozialer Rückzug, Schlafstörungen, Depressionen und Alkohol- oder Medikamentenmissbrauch sind oft die Folge. Ehen gehen auseinander. Ärzte rollen mit den Augen. Da kommt der schon wieder mit seinen Spinnereien und den ewig gleichen Fragen. Aber für die psychisch Erkrankten ist die »Spinnerei« eine irrsinnige Angst, die ihnen den Schlaf, die Lebensfreude, das Glück raubt. Die Krankheit muss mit einer Verhaltenstherapie und/oder geeigneten Medikamenten behandelt werden.

Die Betroffenen müssen lernen, sich mit ihrem Körper angstfrei auseinanderzusetzen, gelegentliche Missempfindungen auszuhalten und sich der eigenen Endlichkeit stellen. Sie

müssen ein Restrisiko akzeptieren und sollten lernen, Arztbesuche nur noch in normalen Abständen vorzunehmen, möglichst unabhängig von akuten Angstattacken.

8.
»BESCHREIBEN SIE DAS BITTE«

Ein Therapeutengespräch
So oder ähnlich läuft es ab

Sie werden sich vielleicht fragen, wie das eigentlich so abläuft, wenn man mit einer Therapeutin oder einem Therapeuten redet. Was sagen die? Wie ist die Atmosphäre? Wie reagiert man womöglich? Nun, das ist sicher bei jedem anders. Aber aus meinen eigenen Erfahrungen und vielen Gesprächen mit anderen Patienten habe ich hier einmal ein solches Gespräch zusammengebaut. Ein gutes Gespräch, muss hier noch ergänzt werden. Es kann auch viel schlechter laufen. Dann ist entweder der Therapeut nicht der richtige, oder Sie sind eventuell auch noch nicht so weit, wirklich offen zu antworten. Oder es lief halt einfach mal nicht optimal: Man sollte da aber nicht vorschnell urteilen.

Ich schildere hier ein Gespräch, das sich um meine persönliche Problematik dreht, weil ich die natürlich am besten »draufhabe«. Wenn es um Depressionen, soziale Ängste oder andere Störungen geht, laufen diese Gespräche natürlich etwas anders ab. Es geht mir aber darum zu zeigen, wie das Ganze im Prinzip stattfindet, welche Fragen der Therapeut stellt und zum Teil auch stellen sollte.

Es handelt sich in diesem Mustergespräch um das erste Zusammentreffen eines Angstpatienten mit einem Verhaltenstherapeuten. Beide Seiten haben schon einmal am Telefon miteinander gesprochen.

Therapeut: Guten Tag, nehmen Sie bitte Platz.
Patient: Guten Tag.
Zuerst einmal die Formalitäten. Könnte ich bitte Ihre Versicherungskarte kurz haben?
Na, klar.
(Therapeut geht zu seinem Rechner und liest die Karte ein. Gibt sie dann an den Patienten zurück.)
So, dann erzählen Sie doch mal. Wie kann ich Ihnen helfen? Was ist Ihr Problem?
Ich habe ständig Angst, krank zu sein.
Warum? Haben Sie Beschwerden?
Ja, ich meine, nein. Ich weiß nicht so richtig.
Sie sind sich nicht sicher?
Na ja, ich habe Körperempfindungen, die ich … also, für mich sind das Beschwerden.
Welcher Art?
Magenschmerzen, Herzklopfen. Oft so Stiche im Körper. Und manchmal so ein Ziehen im Unterleib.
Haben Sie sich ärztlich untersuchen lassen?
Ja, schon.
Wann waren Sie zuletzt beim Arzt?
Vor vier Wochen.
Was hat er gesagt?

Dass er nichts finden kann.

Na, das ist doch prima. Und warum sind Sie dann hier?

Die Angst bleibt.

Sie glauben Ihrem Arzt nicht?

Doch.

Aber?

Er könnte etwas übersehen haben.

Wie oft gehen Sie zum Arzt?

Oft. So einmal im Monat schon. Manchmal öfter.

Nur zu Ihrem Hausarzt oder auch zu Fachärzten?

Auch zu Fachärzten.

Geht es immer um die gleichen Beschwerden?

Teilweise.

Es kommen also neue Beschwerden hinzu?

Ja.

Welcher Art?

Kopfschmerzen. Und neulich dachte ich, dass mir schwindelig wird. Oder, dass ich schlechter sehen kann.

Sie tragen ja eine Brille. Vielleicht brauchen Sie ja eine stärkere.

Nein, ich habe Angst, Sehstörungen zu haben.

Ich nehme an, dass Sie deshalb auch schon einmal bei einem Augenarzt waren.

Ja.

Und er hat nichts gefunden, oder?

Nein.

Aber die Angst kam irgendwann wieder.

Ja, genau.

Wie sehr beeinträchtigt Sie diese Angst in Ihrem täglichen Leben?

Sehr. Ich denke sehr oft daran.

Täglich?

Ja.

Und dann auch mehrfach?

Ja.

Können Sie schlafen?

Schlecht.

Wachen Sie oft auf?

Ja.

Wann?

Frühmorgens. Manchmal auch mitten in der Nacht.

Was machen Sie beruflich?

Ich bin Journalist.

Viel Stress im Job?

Mal mehr, mal weniger.

Beeinträchtigt die Angst auch Ihre Arbeitsfähigkeit?

Es geht. Eigentlich nicht. Die Arbeit lenkt mich oft ab.
Ich arbeite eigentlich sehr gern.

Lassen Sie sich oft krankschreiben?

Ich versuche das zu vermeiden. Eigentlich selten. Ich
versuche durchzuhalten.

Und zu Hause?

Da bricht dann sozusagen alles über mir zusammen.

Wie äußert sich das?

Ich bin verzweifelt, weine oft.

Nehmen Sie irgendwelche Medikamente gegen Ihre Angst?

Ab und zu Beruhigungsmittel.

Welche und in welcher Menge?

Diazepam. Aber nur alle zwei Wochen oder so.
Eine Tablette. Wenn ich sehr oft nicht geschlafen habe.
Ich habe Angst, abhängig zu werden.

Lassen Sie uns noch mal genauer über diese Angst reden.
Wovor genau haben Sie Angst?
Ich sagte ja schon: davor krank zu werden.
Wie krank?
Also, eine tödliche Krankheit zu haben.
Es geht also immer ums Ganze bei Ihnen?
Sozusagen.
Haben Sie Angst zu sterben?
Das nicht so sehr. Aber Angst vor dem Siechtum. Und vor
Schmerzen.
Das hat jeder mal.
Aber nicht dauernd.
Das ist richtig. So soll das nicht sein. Wie äußert sich die
Angst bei Ihnen?
Wie meinen Sie das?
Was denken Sie? Was empfinden Sie?
Ich kriege Herzklopfen. Das Blut rauscht in meinem Kopf.
Ich zittere. Ich kann, wie gesagt, nicht schlafen.
Und Sie grübeln immerzu?
Ja, immer. Ich drehe mich im Kreis. Es hört nicht auf.
Was genau denken Sie? Versuchen Sie mal, das in Sätze zu
fassen…
»Ich bin krank. Ich muss sofort zum Arzt. Ich muss sterben.
Ich werde leiden. Ich kann mich nicht mehr freuen. Ich
lasse meine Familie allein. Ich kann nicht mehr. Was soll ich
nur tun? Wann hört das auf?«
Gibt es Auslöser für diese Gedanken?
Ja, ich fühle zum Beispiel etwas in meinem Körper.
Was zum Beispiel?
Ich seife mich ein und denke: »War das da gerade ein
Knoten im Bauch, oder ist das nur ein Muskel?« Und dann

kriege ich den Knoten nicht mehr aus dem Kopf. Ich denke
dann, dass nur ein Arzt mir die Angst nehmen kann.

Und das funktioniert?

Ja.

Wie lange?

Manchmal Monate, manchmal nur Tage.

Bis Sie etwas Neues finden, das Ihnen Angst macht …

Ja.

Nennen Sie mir bitte noch weitere Beispiele.

Es sticht irgendwo im Körper, und ich denke, das könnte
etwas Schlimmes sein.

Hatten Sie diese Gedanken früher schon mal?

Ja.

Auch schon vor Jahren?

Ja.

Es hat irgendwo gestochen, und Sie dachten, es wäre Krebs.

Ja.

Und jetzt sitzen Sie hier. Lebend.

Ja, aber …

Ja?

Es könnte ja diesmal wirklich etwas sein, denke ich dann.

Und deshalb rennen Sie dann wieder zu Ärzten?

Ja.

Und was sagen die?

Dass ich körperlich gesund bin.

*Interessant, aber das kommt bei Ihnen offensichtlich nicht
richtig an.*

Nein. Leider nicht.

Leben Sie in einer Partnerschaft?

Ja, ich bin verheiratet. Seit fast dreißig Jahren.

Lassen Sie sich auch von Ihrer Frau beruhigen?

Ja.

Funktioniert das?

Mal besser, mal schlechter. Eigentlich helfen am Ende nur die Arztbesuche.

Aber anscheinend sind die häufigen Arztbesuche nicht die Lösung für Ihr Problem.

Nein, sieht wohl nicht so aus.

Was denken Sie, was wäre die Lösung?

Mich zusammenzureißen.

Das klingt tapfer. Hilft aber nicht. Wir müssen hinter die Angst gucken. Was denken Sie, was nährt die Angst?

Ich weiß es nicht.

Es ist der Zweifel. Sie vertrauen nicht. Sich nicht, den Ärzten nicht, Ihrer Frau nicht, Ihrem Körper nicht. Sie zweifeln.

Ja, das stimmt.

Dieses Zweifeln kann sehr mächtig sein. Wir kennen das von Zwangspatienten. »Habe ich den Herd auch wirklich ausgemacht?«, »Sind meine Hände auch wirklich sauber?«, »Habe ich eben auch wirklich nur Abfall in den Mülleimer geworfen, oder war da etwas Wichtiges drin?«

Was denken Sie, machen Leute, die sich zwanghaft diese Fragen stellen?

Sie schauen noch mal nach, ob der Herd aus ist?

Genau. Doch sicher sind Sie sich nie. Sie schauen nicht ein Mal, sondern zehn, zwanzig Mal nach. Und sie kehren auf dem Weg zur Arbeit noch einmal um, um nachzuschauen, ob der Herd auch wirklich aus ist. Oder sie waschen sich so oft die Hände, bis sie bluten, oder durchwühlen ihren Mülleimer.

Klingt bescheuert.

Aber sie tun es, weil sie den Zweifel nicht ertragen. Es geht um das Gefühl, das sie glauben, nicht aushalten zu

*können. Etwas muss sie beruhigen. Sie müssen sich ständig
vergewissern. Und in gewisser Weise ist das bei Ihnen
ähnlich. Sie wollen ein Gefühl nicht aushalten.*

Sie meinen, weil ich so oft zu Ärzten gehe? Das ist wie das
Nachgucken, ob der Herd auch wirklich aus ist?

*Das ist Ihr Beruhigungsritual, um Gefühle zu unterdrücken
und für kurze Zeit etwas Entspannung zu finden. Ihre
Vergewisserung. Danach geht es Ihnen doch für kurze Zeit
besser, nicht wahr?*

Ja.

*Bis sich die Spannung wieder aufbaut. Bis der Zweifel
wiederkommt. Es ist nicht nachhaltig, was Sie da tun.*

Richtig, so ist das. Wie kann das bloß aufhören?

*Indem Sie Ihr Verhalten ändern. Ich weiß, das ist schwer.
Und das geht auch nicht über Nacht. Darüber müssen wir
reden.*

Ja, gern. Ich will ja gesund werden.

*Sie haben in Ihrem Kopf sozusagen neurologische
Autobahnen gebaut. Die sind gut in Schuss. Auf denen fährt
Ihr Denken und vor allem Ihr Fühlen. Sie landen am Ende
immer wieder bei der Angst.*

Aber was ist das Ziel?

Zu leben. Darum geht es. Um Akzeptanz.

(Schweigen)

*Lassen Sie uns noch mehr über diese Autobahnen in Ihrem
Kopf herausfinden. Ich nehme an, dass es noch weitere
Rituale gibt, mit denen Sie sich beruhigen?*

Ja.

Beschreiben Sie die bitte mal.

Ich fühle etwas in meinem Körper, also zum Beispiel am
Oberschenkel, und taste dann so lange auch am anderen

Bein herum, bis ich glauben kann, dass sich das da genau so anfühlt.

Und wie lange dauert das?

Na, das kann schon eine halbe Stunde oder so gehen.

Wann beenden Sie das?

Wenn ich denke: Ja, das ist am anderen Bein oder auf der anderen Seite eigentlich genauso. Oder wenn ich entschieden habe: Nein, das ist jetzt auffällig, ich hole mir jetzt einen Arzttermin.

Wie oft machen Sie das?

Manchmal täglich.

Erkennen Sie das Muster?

Ja, aber man kann ja tatsächlich krank sein oder werden. Das ist doch möglich. Ich sehe doch Kranke im Familien- und Freundeskreis.

Ja, das stimmt. Es geht nur um die Frage, wie sehr man sein Leben von dieser Möglichkeit beherrschen lässt. Ich kann es nur noch einmal wiederholen. Die entscheidende Frage ist: Wie wollen Sie leben?

Ja.

(Schweigen)

Das wird unser Thema in den kommenden Sitzungen sein. Ich danke Ihnen für Ihre Offenheit. Lassen Sie uns nach einem Termin für kommende Woche suchen. Dann erzähle ich Ihnen auch, wie eine Therapie bei mir abläuft, und Sie haben dann sicher auch noch Fragen an mich.

9.
DIE
CO-ALKOHOLIKER

Gut Gemeintes hilft oft nicht
Die Rolle von Partnern und Freunden

Meine Frau Gesa hat – abgesehen von mir selbst – bestimmt am meisten unter meiner Krankheit gelitten, und ich bin ihr sehr dankbar, dass sie das alles ausgehalten hat und immer an meiner Seite war. Das war sicher nicht immer leicht, und ich kann heute gut verstehen, dass sie ab und zu einfach auch mal die Schnauze voll hatte und sagte: »Ich kann's nicht mehr hören.« Ewig mit der gleichen Litanei, den immer gleichen Befürchtungen, Fragen, Katastrophenszenarien konfrontiert zu werden – das kann einen schon sehr nerven und irgendwann richtig fertigmachen.

Anfangs war Gesa vor allem aber mitfühlend und unterstützend, beruhigte mich, informierte sich über medizinische Fragen und wurde zu einer Art Ersatzarzt für mich, wenn ich nicht gerade zu echten Medizinern rannte. Mir half das. Aber immer nur kurz. Dann kamen die Befürchtungen wieder, oder es kamen andere. Die psychische Störung ist da sehr kreativ.

Sie schwebt wie ein Greifvogel über deiner Seele und ist jederzeit bereit wieder zuzuschlagen und sich andere, neue Opfer zu holen. Gesa musste mich dann erneut beruhigen. Sie litt mit und tat ihr Bestes, und wir beide wussten damals nicht, dass das im Grunde falsch war. Man kennt das als so genannte Co-Abhängigkeit vor allem beim Alkoholismus. Gemeint ist, dass ein Familienangehöriger durch sein unterstützendes Verhalten die Krankheit unbewusst mit aufrechterhält und am Ende selber leidet. Der Partner oder andere nahestehende Personen (Kinder, Eltern, Geschwister, Freunde) wollen helfen oder aber die Krankheit des anderen nach außen verbergen und tun alles Mögliche, um eine scheinbare Normalität aufrechtzuerhalten – mit oft fatalen Folgen. Denn so stürzen beide Seiten unter Umständen immer tiefer in den Sucht- oder Zwangskreislauf.

So weit kam es zum Glück bei uns nicht, denn Gesa hatte schnell begriffen, dass sie mir so nicht wirklich helfen konnte. Irgendwann beruhigte sie mich nicht mehr und sagte: »Das haben wir schon hundertmal besprochen. Damit musst du jetzt selber klarkommen.« Und meine Therapeuten bestätigten, dass das genau die richtige Methode war: trösten ja, medizinische Diskussionen nein. Es war hart für mich, und wir schafften das auch nicht immer. Aber ich lernte so tatsächlich, Dinge auszuhalten und mit mir abzumachen, statt mich von Gesa oder auch von guten Freunden beruhigen zu lassen. Ich wusste ja: Am Ende führte der Weg aus der Angst nur durch die Angst.

Natürlich half es mir auch manchmal, wenn mich wieder irgendwo was zwackte, ich mir Sorgen machte und dann jemand sagte: »Kenn ich, hab ich auch. Ist nicht schlimm.« Aber irgendwann begriffen alle, dass derartige Krankheitsdiskussionen auf Dauer keine Lösung für mich waren und stellten die Beruhigungsarien ein, wenn ich keine Ruhe gab.

Dies galt irgendwann auch für meinen Hausarzt. Er machte, was aus seiner Sicht medizinisch notwendig war, erklärte mir Dinge und bat mich dann, das Gesagte zu akzeptieren und nicht weiter zu brüten. Denn tatsächlich stabilisierten die andauernden Beruhigungen letztendlich meine Krankheit. Angst baute sich auf. Ich sprach mit jemandem. Die Person beruhigte mich. Ich entspannte mich. Bis sich die Angst erneut aufbaute und ich wieder Beruhigung brauchte. Es war ein sich ständig beschleunigender Teufelskreis. Ich konnte nicht mehr anders zur Ruhe kommen und verlernte so, mich meinen Ängsten selber zu stellen. Bis ich in der Therapie andere Wege erlernte.

Aber bis heute ist das Eis dünn, und ich schwanke immer wieder zwischen dem Wunsch, mich in speziellen Situationen beruhigen zu lassen und dem Kampf gegen die Angst, die sich immer wieder meldet.

Hilfe für Angehörige

Ganz abgesehen von meinem speziellen Fall, muss hier noch einmal betont werden, wie sehr Menschen unter der psychischen Krankheit einer ihnen nahestehenden Person leiden. Ehen scheitern, die Betroffenen werden selber krank oder leben mit dem Familienangehörigen nur noch stumm nebeneinander her, weil die Krankheit wie eine unsichtbare Barriere zwischen ihnen steht. Hilfe und viele Informationen finden Angehörige psychisch Kranker unter dieser Internetadresse:

bapk.de

Das ist der »Bundesverband der Angehörigen psychisch kranker Menschen«. Es gibt auch eine Telefonnummer für Informationen

0228 7100 24 00

sowie eine telefonische Beratung für Angehörige unter

0228 7100 24 24

und ein so genanntes SeeleFon für Flüchtlinge unter

0228 7100 24 25

10.
EIN TODERNSTES THEMA

Was machen bei Suizidgedanken?

Hier finden Sie Hilfe

Manchmal entscheiden sich Menschen in einer dramatischen Ausnahmesituation für den Freitod, manchmal reift der Entschluss lange heran. Das Thema muss immer ernst genommen werden. Ich will hier gar nicht lange drum herumreden. Hier gibt es nur einen Rat: HANDELN! Wenn Sie selber das Gefühl haben, dass es besser sei, nicht am Leben zu sein. Wenn Sie über Suizid nachdenken und sich dieser Gedanke immer mehr aufdrängt. Wenn Sie in Ihrem Leben absolut keinen Sinn mehr sehen und sich nur danach sehnen, dass der Druck, der Schmerz, die Angst endlich aufhören. Wenn das zutrifft oder wenn jemand anderes Ihnen gegenüber Selbstmordgedanken äußert, dann warten Sie nicht. Dann handeln Sie. Rufen Sie eine dieser beiden Nummern an. Es ist die bundesweite Telefonseelsorge:

0800-111 0 111 und 0800-111 0 222

Die Mitarbeiter der Telefonseelsorge wissen, wo Sie Hilfe finden. Der Anruf ist nicht nur kostenfrei, sondern taucht auch nicht in der Telefonrechnung auf. Und denen am Telefon ist nichts Menschliches fremd. Es gibt auch eine Nummer für muslimische Seelsorge. Sie lautet **030 / 44 35 09 821.** Ich sagte es schon an anderer Stelle: Jedes Jahr setzen in Deutschland etwa zehntausend Menschen ihrem Leben selber ein Ende. Viele von ihnen, weil sie psychisch krank waren. Das ist eine erschreckend hohe Zahl, die dringend verringert werden muss. Rufen Sie die oben genannten Nummern an. Gehen Sie sofort zu einem Arzt, zur Not in ein Krankenhaus oder rufen Sie 112, wenn das nicht möglich ist. Auch ein Pfarrer oder eine Pfarrerin oder ein Priester ist ein möglicher Ansprechpartner. Das Leben ist wertvoll. Das Leben ist ein Geschenk. Es gibt Menschen, die Sie lieben und die Sie brauchen. Holen Sie sich Hilfe und helfen Sie anderen. Denn Hilfe gibt es.

11.
»DR. DRÖHNUNG« – WAS EINWERFEN UND GUT IST'S?

Medikamente – meine Erfahrungen
Diazepam, Antidepressiva, Angstlöser

Eines vorweg: Ich bin bekanntlich kein Arzt. Ich kann und werde hier keinerlei medizinische Einschätzungen, Warnungen oder Empfehlungen in Bezug auf Medikamente aussprechen. Das wäre fahrlässig und zudem anmaßend. Was ich aber machen kann und werde, ist, meine eigenen Erfahrungen mit verschiedenen Medikamenten zu schildern. Denn die habe ich.

Als es mir das erste Mal sehr schlecht ging und ich nächtelang nicht geschlafen hatte, verschrieb mir mein Arzt und Therapeut Martin das Beruhigungsmittel Bromazepam, ein Medikament aus der Gruppe der Benzodiazepine, auch bekannt als Tranquilizer. Dessen Wirkung ist angstlösend, beruhigend und schlaffördernd. Es wirkt tatsächlich Wunder, macht aber sehr schnell abhängig und darf nicht über mehrere Wochen täglich eingenommen werden. So viel kann ich hier sagen, weil das auch auf dem Beipackzettel steht. Ich bekam das Medikament sozusagen als Notfallhilfe, wenn es mal gar nicht mehr ging. Um mal wieder eine Nacht durchzuschlafen oder überhaupt arbeitsfähig zu bleiben. Mein Arzt wusste: Ich hatte solche Angst abhängig zu werden, dass ich es sehr vorsichtig und bewusst einnehmen würde. Und so war es auch. Jede Tablette bestand aus einer kleinen Stange mit vier Einheiten, die man rausbrechen konnte. Ein Viertel war meist zu wenig. Die Hälfte einer Stange half sehr, und bei sehr großer Angst habe ich in seltenen Fällen auch mal einen Dreierblock genommen, was mich gut weghaute. Eine ganze Stange habe ich nie geschluckt. Und ich habe das Mittel nie an aufeinanderfolgenden Tagen genommen.

Bromazepam und ähnliche Tranquilizer können sehr helfen, sich wieder zu stabilisieren und akute Angstzustände zu dämpfen. Aber es ist natürlich verlockend, so etwas dauernd zu nehmen, um durchzuschlafen und zu vergessen. Und das ist Mist. Jeder Arzt würde merken, wenn man sehr schnell Nachschub verlangt und den verweigern, wenn er seinen Job ernst nimmt. Außerdem löst es keine Probleme. Nach dem Abklingen der Wirkung sind sie unverändert wieder da. Für mich war dieses Medikament eine im Notfall einsetzbare Soforthilfe. Oft half es schon zu wissen, dass ich sie ja hatte und im Notfall nehmen konnte. Bis heute liegt das Medikament als eine Art Erste-Hilfe-Mittel bei mir im Schrank, falls ich mal wieder akut abschmieren sollte. Ich nehme es aber nur noch in absoluten Ausnahmesituationen.

Irgendwann während der Therapie bei Martin schlug er vor, es auch einmal mit einem Antidepressivum zu versuchen. Ich weiß nicht mehr genau, welches es war, aber es war ein sehr gebräuchliches. Ich müsse etwas Geduld haben, erklärte mir

Martin. Bis die Wirkung richtig einsetze, könne es schon einige Wochen dauern. Ich nahm das Medikament und merkte sehr schnell etwas – nämlich, dass es mir nicht gut bekam. Ich hatte ein ständiges Summen im Kopf, fühlte mich unbehaglich und sonderbar »neben mir«. Nach einer Woche sagte ich Martin, dass ich es wieder absetzen möchte und tat es dann auch. Nun gehört ein intensives Selbstbeobachten, ein ständiges In-mich-Hineinhorchen ja zu meiner Krankheit. Vielleicht hätte ich etwas mehr Geduld haben müssen. Aber diese kurze Episode war für einige Jahre mein erster, nicht sehr vielversprechender Kontakt mit einem Antidepressivum.

Aber was sollen Sie, liebe Leserinnen und Leser nun mit dieser kleinen Geschichte anfangen? Vor allem, wenn Sie überlegen, es auch mal mit einem Antidepressivum zu versuchen? Deshalb erzähle ich Ihnen hier jetzt eine zweite Geschichte.

Erst kürzlich habe ich nämlich einen alten Freund getroffen. Franz ist erfolgreich, lustig, smart – und depressiv. Nicht immer, aber immer wieder. Kaum jemand kennt diese Seite an ihm, aber ich weiß, dass Franz einer von uns ist. Die Depression äußert sich bei ihm als ein immer wiederkehrendes Hadern und Grübeln, als eine nagende Unzufriedenheit und Unfähigkeit, sich zu freuen. Weder seine Familie, seine Freunde noch sein beruflicher Erfolg konnten ihn wirklich nachhaltig glücklich machen. Er hat dann eine Verhaltens- und eine Gesprächstherapie gemacht. Es wurde besser, aber nicht wirklich gut. Die depressiven Episoden kamen immer wieder. Gemeinsam mit seinem Therapeuten beschloss er schließlich, ein Antidepressivum zu nehmen. Der Erfolg, so Franz, sei durchschlagend gewesen. Am deutlichsten habe er es gemerkt, als er öffentlich einmal für einen Text gelobt wurde. Gewöhnlich habe er solche Lobpreisungen als irgendwie unwichtig abgetan und wenig empfunden. Dieses Mal jedoch spürte er, dass er sich über das Lob richtig freuen konnte, ja stolz auf sich war, ohne den ganzen Vorgang kleinzureden oder zu relativieren. Er war selber verwundert. »Mensch«, dachte er, »ich kann mich ja freuen. Und dann auch noch über mich.« Franz führt diese Veränderung vor allem auf das Antidepressivum zurück. Immer will er es nicht nehmen, aber ihm hat es ein Tor geöffnet.

Ich sagte es an anderer Stelle schon einmal: Jeder Fall ist anders. Jeder ist auf seine Weise krank. Franz hat das Mittel offenbar geholfen. Andere haben keine guten Erfahrungen mit Psychopharmaka. Man muss auch Glück haben, das passende Medikament für sich finden und es dann auch noch in der geeigneten Dosis nehmen. Das gelingt nicht jedem. Es gibt auch hier den Königsweg nicht.

Ich war in Bezug auf Medikamente anfangs nicht sehr offen. Erst Jahre später, in einer zweiten Krise mit akuten Angstzuständen, habe ich auf Anraten meines Hausarztes und meines Therapeuten einige Monate ein angstlösendes Mittel genommen. Ich tat das, weil ich mir nicht mehr anders zu helfen wusste. Es heißt Opipramol und wird häufig eingesetzt. Ich nahm täglich am Abend eine Tablette und fühlte mich schnell etwas entspannter. Die Angst war nicht weg, aber gedämpft, und vor allem konnte ich viel besser schlafen. Nach etwa drei Monaten hatte ich das Bedürfnis, das Mittel wieder abzusetzen. Und das tat ich dann auch. Allerdings nicht abrupt. Es ist immer wichtig, diese Medikamente langsam »auszuschleichen«, wie es heißt. Ich nahm anfangs nur jeden zweiten Tag eine, dann nur noch jeden dritten und schließlich hörte ich ganz auf. Da ich auch therapeutisch gut vorankam, war dieses Absetzen problemlos.

Meine Erfahrungen mit Antidepressiva, angstlösenden Medikamenten und Tranquilizern sind also gemischt. Manchmal halfen sie, manchmal nicht. Manchmal war ich zu ungeduldig und nicht offen genug. Manchmal zu ängstlich. Wohlgefühlt habe ich mich nie damit. Was aber vor allem meiner persönlichen, angstgetriebenen Gefühlslage geschuldet ist. Es war mir unangenehm, Tabletten nehmen zu müssen.

Grundsätzlich gilt aus meiner Sicht: Wer krank ist, braucht Hilfe. Medikamente können eine solche Hilfe sein. Aber eines ist sicher: Tabletten allein sind nie die Lösung. Ihre Einnahme muss immer von therapeutischen Maßnahmen begleitet sein. Oft ist es ein Mix aus verschiedenen Methoden, der einem am Ende hilft, einen Ausweg aus der inneren Hölle zu finden.

12.
UND WOHER KOMMT DER GANZE SCHEISS NUN?

Die quälende Frage nach den Ursachen

Kann man Angst lernen?

Früher als Kind dachte ich immer, psychisch Kranke werden gesund wie in den Filmen von Alfred Hitchcock. Draußen donnert und blitzt es, eine blonde Frau weint und windet sich, jemand ruft: »Du musst dich der Vergangenheit stellen, Elvira!«, und dann überwindet sich die Frau, konfrontiert sich mit irgendetwas oder irgendjemandem und erkennt die Ursache ihrer Ängste und Depressionen. Meist hat sie als Kind einen Mord gesehen und das verdrängt. Dann wird der Täter verhaftet oder stürzt zu Tode, die Frau weint erleichtert in den Armen eines Mannes – und ist geheilt.

Schön wär's, wenn das in der Realität so klappen würde. Als Laie denkt man das aber nicht selten. Gerade, wenn es um Psychotherapie bzw. tiefenpsychologische Gesprächstherapie geht. Ganz nach dem Motto: »Ich gehe jetzt zu einem Therapeuten.

Wir arbeiten meine Kindheit auf. Wir finden den Knackpunkt. Es macht bäng! und dann ist alles wieder gut.«

Nee, es macht selten bäng. Die Aufarbeitung der eigenen Lebens- und manchmal eben auch Leidensgeschichte ist ein langer, teils auch quälender Prozess. Nicht ohne Grund steht bei jedem Therapeuten ein Taschentuchspender. Es wird viel geheult bei Therapien. Und das ist auch gut so. Aber das Gesundwerden kommt selten über Nacht, sondern meist nach und nach, ganz langsam als Prozess der Auseinandersetzung mit frühkindlichen Erlebnissen, dem Verhältnis zu Mutter und Vater, den Geschwistern, zum eigenen Körper und vielen anderen Dingen. Man will ja unbedingt wissen, warum man all diese Probleme als Erwachsener hat und hofft auf Erklärungen. Manchmal gibt es sie, manchmal bleiben sie diffus, manchmal gibt es anscheinend keine. Und dann stellt sich immer noch die Frage, ob einem die möglichen Erkenntnisse auch wirklich etwas bringen. Etwas zu wissen ist das Eine, aus diesem Wissen etwas zu machen und sich dann handelnd in eine positive Richtung zu entwickeln ist das Zweite und die eigentliche Aufgabe. Nicht, dass Sie mich falsch verstehen – ich will hier nicht das Geringste gegen Psychotherapie oder die tiefenpsychologische Gesprächstherapie sagen – dafür fehlt mir die Kompetenz. Ich sagte ja schon an anderer Stelle, dass auch mir die Aufarbeitung meiner Lebensgeschichte viel gebracht und wichtige Erkenntnisse geliefert hat. Ich wusste jetzt: Die Angst war erlernt, ich war das Kind überängstlicher, jedes Risiko vermeidender Eltern. Ich war als Baby wegen einer Operation sehr früh von meiner Mutter getrennt worden und hatte so wahrscheinlich an Urvertrauen verloren. Ich hatte kein gutes Verhältnis zu meinem Körper und sah ihn eher als Feind. All das wusste ich, aber die Erkenntnisse halfen mir letztendlich nicht, gesund zu werden. Der bekannte Verhaltenstherapeut und Coach Jens Corssen warnt sogar davor, sich zu sehr mit seiner Vergangenheit zu beschäftigen. Er sagt: »Mich interessiert nicht, ob einer zu heiß gebadet worden ist oder nicht geliebt worden ist. Das ist bestimmt blöd gelaufen, aber es hat keinen Sinn aus meiner Sicht, überhaupt darüber zu sprechen. Es sei denn, es sind traumatische Dinge.« Ansonsten gelte: Dauernd klagend und jammernd über die Vergangenheit zu sprechen, verfestigt das negative, problembehaftete Denken.

Beileibe nicht alle Verhaltenstherapeuten sehen das so krass. Viele wollen eben auch gelernte Muster identifizieren und sie dann mit ihren Patienten zusammen ändern. Trotzdem brachten mich die Sätze von Corssen zum Nachdenken. War ich nicht wirklich viel zu viel mit all dem beschäftigt, was falsch, was defizitär und bedauernswert war? *Dachte* ich nicht einfach vor allem falsch und kreiste um die immer gleichen Themen? Linderung und so etwas wie Heilung brachte bei mir dann ja tatsächlich erst die Mischung aus einer Verhaltenstherapie, dem stationären Aufenthalt und der grundsätzlichen Akzeptanz, dass das Leben endlich ist und Risiken nicht zu verhindern sind. Womöglich aber – wer weiß das schon – haben auch die biographischen Erkenntnisse dazu beigetragen, dass es mir wieder besser ging. Wahrscheinlich hat alles irgendwann in positiver Weise ineinandergegriffen. Aber eigentlich weiß ich bis heute nicht, woran es nun genau gelegen hat, dass ich psychisch krank und zu einem Hypochonder und Angstpatienten wurde. Meine Geschwister haben diese Störung nicht entwickelt. Mittlerweile sind mir die Ursachen aber auch egal. Es gibt viele Theorien über die Entstehung psychischer Krankheiten. Sie sind so vielfältig wie die unterschiedlichen Erscheinungsformen geistigen Leidens: genetische Faktoren, eine Störung der Hirnchemie, organische Krankheiten, frühkindliche Traumata, Reaktionen auf Stress, hormonelle Veränderungen, Trauer, Überforderung, Probleme in der Partnerschaft. Die Liste ließe sich noch beliebig verlängern. Natürlich müssen vor und während einer Therapie körperliche Ursachen ausgeschlossen werden. Deshalb werden immer auch die Hausärzte von Therapeuten eingebunden, und vor jedem Klinikaufenthalt erfolgt eine körperliche Untersuchung. Aber wenn da nichts gefunden wird, sollte man aus meiner Sicht vor allem nach vorn gucken und sich fragen: Was kann ich tun, damit es mir wieder besser geht? Nichts gegen biographische Aufarbeitung. Manchmal muss sie sein. Aber das *Warum* ist eben nicht alles. Viel wichtiger ist das *Was jetzt*? Denn es gibt ja Hoffnung. Niemand muss ewig Opfer bleiben, auch wenn in der Kindheit nicht alles gut lief.

Was tun, damit der Schmerz aufhört?

Die Entwicklungspsychologin Professor Liselotte Ahnert sagte einmal in einem *Spiegel*-Interview: »Der Mensch ist ein sehr plastisches Wesen. Und zu großen Veränderungen fähig. Bleibende Schäden sehen wir in unserem Feld fast nur an Kindern, die in Waisenheimen in völliger Gefühlsarmut oder in chaotischen Familien mit Missbrauch aufgewachsen sind. Mit allen anderen Umwelteinflüssen lässt sich umgehen.« Auf Nachfrage der *Spiegel*-Kollegen erklärt sie allerdings, dass die Menschen – abgesehen von den eben erwähnten schwerwiegenden Problematiken – es am schwersten haben, die als Kind das ständige Gefühl hatten, nicht willkommen gewesen zu sein, zu stören. Dies führe zu großen Verunsicherungen und Minderwertigkeitsgefühlen.

Ich habe einen Freund, der genau das in seiner Kindheit erlebt hat – abgelehnt, eigentlich nicht gemocht zu werden, ein Kind gewesen zu sein, das ungeplant auf die Welt gekommen und irgendwie an allem schuld war, das dann passierte. Ein ungeliebter Mensch. Aber auch hier stellt sich die Frage: Was kann ich tun, damit der Schmerz aufhört? Will ich immer nur Opfer sein? Wie stelle ich mich zur Welt? Was ist trotzdem gut oder könnte gut werden? Bedauere ich mich oder ändere ich mich? Leicht gesagt. Schwer umzusetzen, aber am Ende der einzige Weg, heraus aus der Hölle im Kopf zu kommen.

Ich habe mich einmal sehr intensiv mit der katholischen Ordensfrau und Schriftstellerin Melanie Wolfers unterhalten. Sie arbeitet auch als Seelsorgerin, gibt Seminare und schreibt sehr gute Lebenshilfe-Ratgeber. In ihrem Buch *Die Kraft des Vergebens* beschreibt sie eigene Erfahrungen mit einem Kurs, der sie inspiriert hat, die Methode auch in den eigenen Seminaren zu verwenden. Ich zitiere sie hier, weil mich diese Schilderung sehr bewegt hat:

»Wer nachträgt, trägt schwer« lautet ein Kurs, an dem ich teilnehme. Wie sehr dieser Titel trifft, habe ich heute erfahren: Im Rahmen einer Gruppenübung schlüpfte ich in die Rolle einer Gekränkten; Richard spielte die Person, die mich verletzt hatte, und die Übrigen bildeten eine lose Gruppe, die mit uns in Kontakt standen. Als Erstes wurde ich aufgefordert, an jemanden zu denken, auf den ich wütend bin. Sofort stand mir Sabina und ihr unmögliches Verhalten vor Augen. Als Nächstes sollte ich aus einem Steinhaufen einen Brocken auswählen, der meinen Groll symbolisiert. Ich hob einen schweren, scharfkantigen Bruchstein auf. Die einzige Regieanweisung für das nun beginnende Rollenspiel lautete,

*dass ich körperlich das tun soll, was im Wort »nachtragen«
ausgedrückt ist:* Der Person, die mich gekränkt hat, ihr Verhalten nachtragen, indem ich ihr auf dem Fuß folgend den Stein hinterhertrage. Anfangs war es amüsant, Richard hinterherzugehen, doch schon bald machte sich das Gewicht des Steines bemerkbar. Während Richard *unbeschwert* seiner Wege ging, wog der Stein in meinen Händen immer schwerer und seine scharfen Kanten schnitten mir in die Finger. Als Richard dann noch entspannt mit den anderen zu plaudern begann, hätte ich ihm am liebsten den Stein auf die Füße geschmissen. Mir kam Sabina in den Sinn und schlagartig ging mir auf: Nicht Sabina, sondern ich trage schwer daran, dass ich ihr das unfaire Verhalten nachtrage. *Meine schwelende Wut und meine vorwurfsvollen Gedanken, die ich mit mir herumtrage, belasten vor allem mich selbst und kosten mich viel Kraft – und nicht Sabina!* (…) Wer anderen nicht vergeben kann oder will, hält die Gedanken an das, was ihm angetan wurde, wach. *So erlebt er die schmerzhafte Vergangenheit ständig neu.* Wenn uns jemand tief gekränkt hat, geraten wir häufig in die Falle eines Kreislaufs, der uns immer wieder zum verletzenden Ausgangspunkt zurückführt. Wieder und wieder spielen wir das Geschehen gedanklich durch, machen dem anderen Vorwürfe oder stellen Fragen wie: »Warum hast du mir das angetan?« Die inneren Diskussionen beginnen stets von vorn, morgens beim Aufwachen, beim Spazierengehen, unter der Dusche, beim Versuch einzuschlafen und selbst noch in den Träumen. In einem solchen Kreisverkehr lassen sich endlose Runden drehen.

Mich hat damals sehr beeindruckt, was Melanie Wolfers mir aus diesem Seminar erzählte. Die Teilnehmer realisierten, wie sehr sie gefangen waren in ihren Denk- und Gefühlsmustern. Sie merkten jetzt, was »nachtragend« wirklich bedeutet. Sie mühten sich ab, schleppten den Ballast hinter jemandem her, der sie aber gar nicht mehr sah, sondern nach vorn schaute und einfach weiterging. Es sei verblüffend gewesen, erzählte Wolfers, wie sehr diese Übung ihr und anderen die Augen geöffnet habe. Einige seien in Tränen ausgebrochen, weil ihnen auf einmal klar wurde, wie sehr sie selber sich »belastet« hatten, statt zu verzeihen oder Dinge als geschehen zu akzeptieren und sozusagen »auszubuchen«.

Es geht hier nicht darum, alles zu schlucken oder sich nicht zu wehren. Verzeihen hilft vielleicht nicht in jedem Fall. Aber das Rollenspiel zeigt eindrücklich, dass man immer darauf achten sollte, wie sehr man sich selbst mit Aufarbeitung, Rache, dem Wunsch nach Genugtuung oder Ähnlichem belasten kann. Die Frage ist also immer, was die Vergangenheit im Hier und Jetzt mit einem macht und inwieweit man bereit ist, ihr noch Macht einzuräumen. Melanie Wolfers fasst das wunderbar in folgendem Satz zusammen:

Vergeben bedeutet: Ich höre auf, auf eine bessere Vergangenheit zu hoffen.

Mein Fazit: Ich weiß nicht, woran es lag, dass ich krank wurde und bis heute gefährdet bin, wieder abzuschmieren. Und ich habe mir auch abgewöhnt, danach zu fragen. Es bringt mir nichts mehr. Ich will leben. Und zwar jetzt. Was war, kann ich nicht ändern. Ich kann nur anders als bisher damit umgehen.

13.
RUHE JETZT, VERDAMMT NOCH MAL!

Wie komme ich bloß runter?

Entspannungstechniken

»*Du musst mal runterkommen.*«, »*Lass doch mal die Seele baumeln.*«, »*Entspann dich.*«, »*Geh doch mal zur Massage.*«, »*Ich mach ja Yoga, ey.*« ...

Wer psychische Probleme hat und über innere Unruhe klagt, hört immer wieder nett gemeinte Ratschläge. Und sie haben ja recht, die Ratgeber. Bloß wissen Sie meist nicht, wie schwer es gerade für psychisch Kranke ist, die ersehnte innere Ruhe zu finden. Jeder weiß ja, wie es sich anfühlt, wenn einem der Job oder das Privatleben über den Kopf wächst, man gestresst ist und sich nach einem Wohlfühlurlaub in der Sonne oder wenigstens einem Wellnesswochenende sehnt. So etwas kann einem normal Gestressten ja auch guttun. »Den Akku aufladen« heißt das dann. Und – zack – kann man wieder loslegen.

Bei uns psychisch Instabilen ist das leider etwas schwerer.

Wir können auch wunderbar an einem sonnigen Südseestrand unsere inneren Orkane erleben und richtig schlecht drauf sein. Manchmal geht es einem sogar erst richtig schlecht, wenn die Sonne scheint, alle draußen sitzen und sich freuen und man selber wie eingeschlossen in der ganz persönlichen Kältekammer seiner bescheuerten Störung hockt. Wie gern würde man hier jetzt auch angstfrei und ohne Herzklopfen sitzen. Wie gern würde man ruhig und gelassen sein.

Ja, innere Ruhe und Gelassenheit – das große, so ferne Ziel. Und um das zu erreichen, empfehlen eigentlich alle Therapeuten auch verschiedene Entspannungstechniken. Die gehören in jeder Psychoklinik zum Grundrepertoire und sollen die eigentliche Therapie unterstützen. Und das tun sie auch, wenn man es richtig macht. Aber – grau ist alle Theorie – was erst mal einfach klingt, ist in der Praxis oft ein schwerer Brocken. Entspannung ist sozusagen harte Arbeit. Klingt paradox, ist aber so. Wenn es heißt, man solle »loslassen«, dann steckt in diesem Verb ja schon die ganze entsprechende Metaphorik. Man muss loslassen, weil man sich so krampfhaft festhält. In der Hoffnung, dass einen beim Fallen dann eine weiche Matte auffängt.

Ich habe in meinen langen Jahren des inneren Ringens mit mir beinahe alle gängigen Methoden von Entspannungstechniken und viele, teils auch skurrile Wege zu innerer Ruhe ausprobiert. Mit unterschiedlichem Erfolg. Hier sind meine Erfahrungen:

Progressive Muskelentspannung

Klingt irgendwie unsexy, dachte ich, als ich damals in der psychosomatischen Klinik diese Methode auf meinem Terminplan sah. Ich ging zum ersten Treffen und saß mit etwa zehn anderen

Unentspannten in einem Raum und wartete auf die Kursleiterin. Die kam herein, begrüßte uns, stellte sich als Rita vor und erklärte, dass wir nun eine überaus erprobte und weltweit angewandte Entspannungstechnik lernen sollten, die ein gewisser Prof. Edmund Jacobson bereits in den Dreißigerjahren für Hysteriker wie uns erfunden hatte. (Hysteriker sagte sie natürlich nicht!) Jacobson, ein Arzt und Psychologe, war nämlich aufgefallen, dass seine Patienten, die unter Unruhe, Ängsten und Erregungsgefühlen litten, eine merkbare Erhöhung der Muskelspannung aufwiesen. Das Angst- und Erregungsgefühl verringerte sich jedoch, wenn sich die Muskelspannung der Betroffenen reduzierte. Diese Entspannung kann – auch wenn es erst einmal kurios klingt – dadurch erzeugt werden, indem man Körperteile nacheinander nun extra und willkürlich anspannt. Entspannung durch Anspannung. Wenn man das von Muskelgruppe zu Muskelgruppe macht, kann so der gesamte Körper merkbar entspannt werden. Auch Blutdruck, Pulsschlag und Darmtätigkeit sind auf diese Weise reduzierbar. Insgesamt soll man ruhiger werden und auch weniger verkrampft atmen.

Jacobson, der alte Fuchs, bastelte nun aufgrund dieser Erkenntnis eine aktive und offenbar sehr wirksame Entspannungsmethode zusammen; eben die Progressive Muskelentspannung.

Und die sollten wir hier jetzt im Kurs erlernen.

»Hört sich gar nicht übel an«, dachte ich. Aber der karge Raum und meine sackartig auf den Stühlen hockenden Mitpatienten, sprich die ganze Atmosphäre um mich herum, wirkten nicht gerade motivierend. Aber ich wollte ja offen sein für alles und riss mich zusammen. Mal gucken. »Ich mach alles, was Rita sagt«, war mein Motto.

Zuerst forderte sie uns auf, alle Stühle an die Wand zu stellen und uns dann im ganzen Raum verteilt auf Matten zu legen, die wir etwas mürrisch von einem Stapel gezogen hatten.

Da lagen wir nun und warteten auf die ersehnte Entspannung. Rita zog die Vorhänge zu und machte eine kleine Lampe an. Schon besser. Kuscheliger. Und ich sah nun auch nicht mehr jeden Pickel der neben mir Liegenden. Vor allem nicht die von dem unsympathischen Typen direkt neben mir.

»Wir beginnen bei den Armen und Beinen«, sagte Rita, »und gehen dann zusammen nacheinander weiter zum Kopf, dem Nacken, den Schultern, dem Rücken, dem Bauch und den Beinen, bis wir alle total relaxed sind. Los geht's.«

Rita forderte uns dann auf, die Augen zu schließen, die rechte Hand zu einer Faust zu ballen und fest zu drücken. Etwa zehn Sekunden lang. Dann sollten wir loslassen, die Hand entspannt auf der Matte liegen lassen und nachfühlen, was dann passiert. Ich tat, was sie sagte, und tatsächlich stellte sich nach dem faustischen Drücken ein angenehmes, entspannendes Kribbeln in der Hand ein. Nacheinander gingen wir so durch unseren ganzen Körper. Erst die Arme, dann durch Füße, Beine, Hintern, Rücken, Gesicht und Kopf. Anspannen, dann entspannen. Das Gesicht zusammenzukneifen, Maul und Augen aufzureißen, dann die Zähne zusammenzubeißen und wieder locker zu lassen – all das muss echt bescheuert ausgesehen haben, aber Ritas Schummerlicht sorgte für die nötige Intimsphäre.

Ich entspannte mich tatsächlich sehr. Mein ganzer Körper schien zu schweben, ein angenehmes Kribbeln durchfuhr mich. Großartig. Im Raum herrschte eine totale Relaxatmosphäre, der Typ neben mir war selig entschlummert und gab ab und zu kurze, eruptive Schnarchlaute von sich.

Das Ganze hatte etwa eine halbe Stunde gedauert.

Rita bat uns nun, die Augen zu öffnen, uns zu strecken und

dann wieder langsam aufzustehen. Meinen Nachbarn musste ich wecken. Wir bildeten wieder einen Stuhlkreis, und jeder sollte erzählen, wie es ihm bei dieser ersten Sitzung ergangen war. Fast alle lobten den Chill-Effekt. Rita überreichte abschließend noch jedem einen Zettel mit einer Anleitung und forderte uns auf, in unseren Zimmern selbstständig zu üben. Ansonsten dann bis nächste Woche.

Ich ging während meines gesamten Aufenthalts in der Klinik zu diesem Kurs und genoss die Entspannung, die ich in diesem Raum in dieser Dreiviertelstunde erlebte. Selber aber konnte ich diesen Effekt nie so gut erzeugen. Ich brauchte Ritas Stimme, ihre Führung durch meinen Körper. Allein bekam ich es nie so gut hin. Und das ist auch mein Fazit. Ich fand die Progressive Muskelentspannung toll, man hat sofort einen spürbaren Effekt, aber ich fand es schwer, das Ganze ohne Anleitung durchzuziehen. Das spricht keinesfalls gegen diese Methode. Es kann auch einfach nur heißen, dass ich ein hibbeliger, nervöser Sack bin, der was anderes brauchte. Wahrscheinlich war und ist es so. Mr. Jacobson kann nix dafür.

Autogenes Training

Das Autogene Training ist weniger dynamisch als die Progressive Muskelentspannung. Hier wird nicht angespannt und dann entspannt, sondern mit Gedankenkraft »gearbeitet«. Gemeinsam ist beiden Methoden, dass man durch den gesamten Körper wandert. Auch hier gibt es eine Art Gründervater: Der Mann war Nervenarzt, hieß Heinrich Schultz und erfand seine Entspannungstechnik Anfang des zwanzigsten Jahrhunderts.

Im Grunde handelt es sich hier um eine sanfte Art der Selbsthypnose. Man gibt sich selbst höfliche Kommandos, die bestimmte Körperteile betreffen. Man kann diese Technik auch Autosuggestion nennen. (Es ist übrigens auch möglich, sie in einem Bus oder Schiff zu praktizieren. Es muss kein Auto sein. Ich hoffe, Sie verzeihen mir diesen kleinen Kalauer, den ich hier zur Entspannung eingebaut habe.)

Ich habe das Autogene Training in einem Volkshochschulkurs kennengelernt. Sie haben vielleicht registriert, dass ich »kennengelernt« und nicht »erlernt« geschrieben habe. So ganz habe ich das nämlich nie richtig hinbekommen. Aber auch das liegt wohl hauptsächlich an mir. Die Methode ist erprobt und sehr verbreitet, und in diesem Kurs und einige Male zu Hause habe ich auch tolle Erfahrungen damit gemacht.

Am Anfang nimmt man eine bequeme Haltung ein; viele – auch der Erfinder – raten zu einer sitzenden Position, man kann aber auch liegen. Der Kopf sollte leicht nach vorn gebeugt sein, die Hände entspannt auf den Oberschenkeln liegen. Das Ziel ist es nun, mithilfe selbsthypnotischer Formeln den Körper nach und nach zu entspannen. Man beginnt mit der mehrfachen Wiederholung des Satzes: »Ich bin vollkommen ruhig und gelassen.« Anschließend geht man dann nacheinander gedanklich durch den Körper, beginnend mit der so genannten Schwereübung. Man denkt sozusagen laut: »Mein linker Arm ist schwer, ganz schwer.« Diesen Satz wiederholt man dann fünf bis sechs Mal und dehnt das Schweregefühl, das sich dann hoffentlich einstellt, nach und nach auf Arme und Beine jeder Körperseite aus. Und immer wieder sollte jede Einheit mit dem Satz »Ich bin vollkommen ruhig und entspannt« abgeschlossen werden. Anschließend wiederholt man das ganze Procedere, aber dieses Mal mit der »Wärmeübung«. Man beginnt also mit »Mein linker Arm ist warm, ganz warm«. Und dann geht es mit der Wärmesuggestion durch den ganzen Körper. Der Effekt kann sehr verblüffend sein, wenn man es schafft, sich auf den Körper und die Macht seiner Gedanken zu konzentrieren. Bei mir stellte sich in den Kursen, wenn es gut lief, tatsächlich eine tiefe Entspannung ein. Nach der Schwere- und der Wärmeübung macht man dann mit Autosuggestionen weiter, die die Atmung und den Herzschlag, das so genannte Sonnengeflecht in der Brust und den Kopf betreffen. Es gibt noch weitere Übungen, mit denen man sich formelhafte Vorsätze vorsagt (etwa »Ich schlafe ruhig, tief und fest«) sowie Übungen der »Oberstufe«, in der es um Persönlichkeitsbildung geht. Da ich diese Stufe nie erreicht habe, kann ich dazu auch wenig sagen. Ich fand es schon schwer genug, in den Grundübungen nachhaltig in die Entspannung zu kommen.

Und da sind wir auch schon beim springenden Punkt. Wer Ergebnisse will, muss üben. Und zwar täglich. Ein bisschen dauert es beim Autogenen Training, bis sich wirkliche Effekte einstellen. Die können aber nachhaltig und sehr heilsam sein. Man kann seine Birne sozusagen durch Autosuggestion positiv verändern. Das sagt auch die Hirnforschung.

Ich hatte leider nie die nötige Geduld für konsequente Selbsthypnose. Mir war das ganze Procedere auch zu kompliziert und mühsam. Ich kam oft durcheinander mit all den Kommandos. Und allein zu Hause sackte ich nur allzu oft schlafend auf meinem Stuhl zusammen. Aber, wie gesagt, meine Unzulänglichkeit ist hier absolut kein Maßstab. Mit einer guten CD zu Hause praktiziert kann ich das Autogene Training jedem ans Herz legen, der weniger ungeduldig ist als ich.

Mein ehemaliger Kollege Mark behauptet übrigens, ich hätte ihm das Autogene Training auf ewig versaut. Ich hatte nämlich mal gescherzt, dass ich beim Praktizieren dieser Methode einen revolutionären neuen Fokus auf einen bisher hier vernachlässigten Körperteil »erfunden« hätte, der die Probanden auch potenter machen würde. Mark müsse einfach nur ganz oft in Gedanken zu sich sagen »Mein Glied wird schwer, ganz schwer«. Dann würde er ein ganz neuer Mann werden. War ein ziemlich dämlicher Scherz. Aber Mark behauptet, er könne seit diesem Tag kein Autogenes Training mehr machen, weil er sofort loslachen müsse. Er stelle sich nämlich vor, wie ich inmitten von eifrigen autogen Trainierenden liegen und murmelnd mein Glied beschwören würde, schwerer zu werden. Ja, ich weiß: ziemlich niedriges Niveau. Aber Mark wird nie wieder Autogenes Training machen können. Und Sie, wenn Sie ein Mann sind, jetzt vielleicht auch nicht. Tut mir aufrichtig leid.

CDs etc. zum Runterkommen

Wer in eine große Buchhandlung geht oder im Netz sucht, findet eine Vielzahl von CDs, die der Entspannung dienen sollen. Ob Schlafstörungen, Ängste, Depressionen – für bzw. gegen das alles gibt es CDs und Podcasts im Netz zum Herunterladen. Ängste und Depressionen mit Hör-CDs zu behandeln, finde ich allerdings grenzwertig. Wer richtig krank ist, kann damit wenig anfangen. Anleitungen für Progressive Muskelentspannung oder Autogenes Training sind da schon sinnvoller. Bei diesen beiden Methoden machen CDs sogar Sinn, weil man hier ja – wie in den entsprechenden Kursen – geführt wird.

Da die Bedürfnisse sehr unterschiedlich sind, ist es schwer, hier gute Tipps zu geben. Meine Erfahrungen damit sind zwiespältig. Ich habe mir mal eine auf den ersten »Blick« schöne Einschlafhilfe aus dem Netz geladen und dann auf CD gebrannt, um sie auf meinem CD-Player am Bett zu hören. Eine sanfte

Stimme führte mich – untermalt von meditativer Musik – langsam hinein in den Schlummer. Aber als ich dann endlich eingeschlafen war, nachdem die Stimme und die Musik totaler Stille gewichen waren, weckte mich am Ende der CD eine männliche Stimme mit den markigen Worten: »Auf Wiedersehen bei Audible.« Wie man so beknackt sein kann, so etwas ans Ende einer Einschlaf-Sounddatei zu packen, ist mir schleierhaft. Ebenso genervt war ich von einer anderen CD, bei der mir eine warnende Stimme erst einmal erzählte, wie schädlich es ist, nicht gut zu schlafen. Das ist für Angstpatienten natürlich Gift. Man kann dann nicht einschlafen, weil man Angst hat, dass man nicht einschlafen kann. Am besten ist es, Sie hören in einem Laden oder im Netz mal rein in die CDs und Dateien (bei Einschlafhilfen besonders ans Ende, wenn möglich) und schauen, ob Ihnen die Sprache, die Musik und die ganze Atmosphäre gefallen. Manche finden einen Sprecher super, andere denselben zum Eier-Abschrecken. Manche wollen nur von Frauen angeleitet werden, andere finden Männer besser. Einige sind begeistert von meditativen Gesängen im Hintergrund, andere fühlen sich bei solchem Gesang von Schizo-Mönchen bedroht. Ich verzichte deshalb hier auf konkrete Tipps. Aber grundsätzlich haben mir einige dieser Hilfskrücken bei Entspannungstechniken gelegentlich ganz gut geholfen. Man muss nur die richtigen finden. Da Sie das jetzt in dieser Allgemeinheit vielleicht etwas unbefriedigend finden, will ich dann doch einfach mal zwei CDs empfehlen. Aber nicht motzen, wenn Ihnen die Stimmen nicht gefallen:

Weniger Stress durch Autogenes Training von Henrik Brandt

Entspannungstraining nach Jacobson – Progressive Muskelentspannung von Karl C. Mayer

Meditation

Eins gleich mal vorweg: Meditation ist einfach, aber gleichzeitig verdammt schwer. Und sie lohnt sich. Mir hat das Meditieren geholfen. Aber es war – und ist es immer noch – ein langer Weg, bis das Ganze richtig funktioniert. Nachdem alle bisher ausprobierten Entspannungstechniken bei mir irgendwie nicht so richtig »rockten«, wie man ja heute so schön sagt, war ich weiter auf der Suche nach dem richtigen Weg, um runterzukommen. Was hatte ich noch nicht probiert? Ach ja: Meditation. Therapeuten, Freunde, Zeitschriften – alle schwärmten dauernd davon. »Na, dann mach ich das jetzt auch mal«, dachte ich mir, kaufte und las Bücher zum Thema und fand, das hörte sich alles recht gut und auch gar nicht so schwer an. Vor allem die Sache mit der so genannten stillen Meditation, die man auch Ruhemeditation nennt. Das isses, frohlockte ich. Nur dasitzen, atmen und an nichts denken. Coole Sache. Und davon geht es einem besser? Warum hat mir das nicht schon früher jemand erzählt?

Ich übte also zu Hause nach den Anweisungen in der einschlägigen Literatur. Ich setzte mich hin und atmete. Ein und wieder aus. Ein und wieder aus. So einfach fängt es an. Das Wesen der stillen Meditation ist es, nichts zu tun, nichts zu denken, nichts zu bewerten, nur zu »sein« und zu atmen. Man zieht sich raus aus dem ganzen hektischen Alltagsmist und findet Ruhe und Entspannung in der inneren Einkehr. So weit die Theorie. In der Praxis lief das bei mir am Anfang in etwa so ab. Willkommen im Kopf eines Meditationsnovizen:

Einatmen, Pause, ausatmen. Ich denke an nichts.
Hm, denke ich eigentlich an nichts, wenn ich denke, dass ich
an nichts denken soll?

Egal jetzt, ich denke einfach mal an nichts.

Einfach nur atmen.

Ein und aus. Ein und aus.

Hm ... irgendwie ein cooles Gefühl. Ach, Mist, ich soll ja nichts bewerten. Ich bin so ein Penner.

Mich dünkt, dass das eine unzulässige Bewertung ist. Na, egal jetzt ...

Ein und aus. Ein und aus.

Ah, ich werde ruhiger!

Ach so, ich soll ja an nichts denken.

Was ist das?

Oh Mann – mein Magen knurrt. Kling wie ein hungriger Pudel.

Hunger kommt jetzt gar nicht gut.

Ruhe jetzt: Löse dich vom Ego, du Sau.

Wieso beschimpfe ich mich?

Na, egal, einfach weiteratmen.

Ein und aus. Ein und aus.

Hm ... passiert irgendwie nix ...

Mann, es soll ja auch nix passieren.

Ein und aus. Ein und aus.

Mist, es juckt. Was macht der Meditierende bei akutem Sackjucken? Gibt es hier weise Ratschläge von erhabenen Gurus?

Kester, mein Bester, du denkst zu viel. Gar nicht ignorieren, hätte mein Vater gesagt.

Ein und aus. Ein und aus.

Boah, mein Rücken tut weh. Und die Knie. Ist ja auch Mist, so starr hier zu hocken.

Schneidersitz ist echt nicht mein Ding.

Ach so, nix denken, verdammt. Ich wollte ja jetzt ein Asket sein.

Ein und aus. Ein und aus.
Mann, bin ich müde.
Ich ignoriere das einfach.
Ein und aus. Ein und…

(nach Diktat entschlafen)

Sie sehen, es war nicht einfach. Aber ich blieb erst einmal dran. Machte jeden Tag weiter. Und steigerte die Dosis. Erst zehn, dann fünfzehn, dann zwanzig Minuten. Und trotz aller Schwierigkeiten spürte ich, dass mir das Sitzen und Atmen guttaten. Die erste Lektion, die ich lernte, war, mich vom Leistungsgedanken zu verabschieden, keine Effizienzrechnung aufzumachen. Bei der Meditation geht es nämlich nicht um den Versuch, irgendwo hinzugelangen. Es geht darum, dass man sich erlaubt, genau dort zu sein, wo man gerade ist und genau so zu sein, wie man eben gerade drauf ist.

Und genau dieses Akzeptieren des Istzustandes, das nicht bewertende Verharren, sorgt ironischerweise langfristig für eine positive Veränderung. Klingt seltsam, funktioniert aber. Der wichtigste Begriff im Zusammenhang mit diesem Thema ist Achtsamkeit. Sie werden dieses Wort vielleicht schon mal gehört haben, mit den Augen rollen und »Modewort« stöhnen. Kann ich verstehen, aber Sie müssen jetzt trotzdem weiterlesen. Wie alle Bekehrten habe ich ein großes Sendungsbewusstsein. Ich verspreche Ihnen, dass es gleich zur Entspannung auch wieder etwas komisch wird.

Also: Achtsamkeit ist vor allem eine besondere Form von Aufmerksamkeit, ein klarer Bewusstseinszustand, in dem wir das Innen und Außen im gegenwärtigen Moment vorurteilsfrei geschehen lassen. Wir lassen also im idealen Falle einfach zu, was ist, bewerten nicht und verändern so nach und nach eingefahrene und oft unbewusste Reaktionen auf unsere Umgebung. Vor allem sollen wir so auch lernen, unsere Umgebung überhaupt wieder bewusst wahrzunehmen, statt nur durch den Alltag zu hetzen. Wir kennen das ja alle – diese Hektik, die vielen Termine, das schnelle Essen, das Brüten, wie wir die nächsten Aufgaben bewältigen können. Immer sind wir schon im Morgen und selten im Hier und Jetzt. Achtsamkeit und Meditation können uns helfen, den Weg zurück zur Magie der Gegenwart zu finden. »Bewusstheit Augenblick für Augenblick für Augenblick, das muss euer Ziel für den Anfang sein«, sagt der buddhistische Mönch und Bestsellerautor Ajahn Brahm. Und: »Benennt die Dinge nicht. Wenn ihr etwas benennt, nehmt ihr nicht die Sache selbst wahr, sondern die Bezeichnung.« Das klingt in manchen Ohren sicher etwas durchgeknallt. Hä? Wie soll ich das denn machen? Ich sehe eine Blume und soll nicht »Blume« denken. Aber genau darum geht es. Einfach wahrzunehmen, ohne gleich zu kategorisieren, in Schubladen zu stecken und so im Grunde über vieles hinwegzugehen.

Mir hat es gutgetan, das zumindest zu versuchen. Etwa bewusst zu essen, statt Nahrung nur runterzuschlingen. Im Garten zu sitzen und einfach zu schauen, was um mich herum geschieht. Es mag bescheuert klingen, aber es kann ein tolles Gefühl sein, sich in eine Hummel auf einem Blatt zu versenken und dabei die Sonne im Nacken zu spüren.

So, Schluss mit dem theoretischen Gesülze. Werden wir mal praktisch. Wir meditieren jetzt mal zusammen. Also: Wo sitzen Sie gerade und lesen dies? Im Sessel zu Hause? In der S-Bahn? Im Bett? Egal. Wir stellen erst mal fest. Sie lesen das hier JETZT!

Ja, jetzt, gerade jetzt lesen Sie diese Worte. In diesem Augenblick. Lassen Sie uns einen Moment zusammen innehalten und diesen Augenblick bewusst wahrnehmen. Nein, ich drehe hier jetzt nicht durch. Ich will lediglich zusammen mit Ihnen gleich zu einem der Kernpunkte meines Themas kommen:

Schließen Sie bitte jetzt die Augen. Ach nee, dann können Sie ja nicht weiterlesen. Also schließen Sie bitte erst nach diesem Absatz die Augen: Setzen Sie sich möglichst aufrecht hin und atmen Sie mindestens zehn Mal langsam durch die Nase tief ein und wieder aus. Achten Sie dabei darauf, dass sich dabei vor allem der Bauch hebt und senkt und nicht so sehr der Brustkorb. Dann machen Sie es richtig. Also jetzt gleich zehn Mal ein und aus. Und konzentrieren Sie sich dabei ausschließlich auf das Atmen und besonders auf die kleine Pause zwischen den Atemzügen – diesen Moment der absoluten Ruhe. Der hat seine ganz eigene Magie. So: Augen zu bitte.

(...) (Hey, nicht gleich weiterlesen. Wir wollten doch meditieren!)

Na, wie war das? Irgendwie gut, oder? Und genau so fängt man an mit der Ruhemeditation. Einfach so. Und so machen es unzählige Menschen seit über zweitausend Jahren. Die Quellen der Meditation liegen nicht nur, aber vor allem im Buddhismus. Und in den zahlreichen buddhistischen Zentren bei uns im Land kann man sie auch lernen. Das muss man aber mögen. Ich selber besuchte ein buddhistisches Zentrum in Hamburg aus der so genannten Karma-Kagyü-Linie, wo man gemeinsam auf den sechzehnten Karmapa, einen Erleuchteten, hin meditiert, den man sich als goldenes Licht vorstellt, das einen durchdringt. Ich wollte Frieden, aber nicht unbedingt von einem Herrn Karmapa durchdrungen werden. Trotzdem blieb ich am ersten Tag und fand die gemeinsame stille Meditation auch ganz angenehm. Das Mantren-Singen war mir dann schon etwas suspekt, und nachdem wir zusammen etliche tibetische Verse vom Blatt ablasen, beschloss ich, nicht wiederzukommen. Das Ganze war mir dann doch eine Terz zu esoterisch.

Aber keine Sorge: Man kann Meditation auch ohne buddhistischen Überbau lernen. Und das verdanken wir vor allem dem amerikanischen Molekularbiologen und Medizinprofessor Jon Kabat-Zinn. Der hat Ende der Siebzigerjahre als einer der Ersten Meditation ohne allzu große Betonung der spirituellen Aspekte in einer Klinik für chronisch Kranke und Stresspatienten eingesetzt. Mit großem Erfolg. Es besteht heute kein Zweifel mehr, dass Meditation bei Schlafstörungen, Burnout und Depressionen wirksam hilft. Wie das genau funktioniert, weiß man im Detail noch nicht, aber zahllose Studien haben ergeben, dass Meditation als repetitive Tätigkeit nachweislich positiv das Gehirn verändert. Die Kolleginnen von der *Brigitte* zitieren in ihrem Psychologie-Special »Mein Leben ohne Stress« eine Studie der Universität München, nach der Meditation, wenn sie regelmäßig ausgeübt wird, den Blutdruck senkt, die Muskulatur lockert, Herz und Atem beruhigt und die Produktion von Stresshormonen herunterfährt. Sie soll auch gut für das Immunsystem sein und den Schlaf verbessern. Darüber wollte ich unbedingt mehr wissen.

Die Lektüre zweier Bücher von Jon Kabat-Zinn hat mir auch in therapeutischer Hinsicht sehr geholfen. Mein Problem war ja, dass ich Vorgänge in meinem Körper sehr oft katastrophisch bewertete. Ich hatte keinen inneren Abstand mehr, es galt nur meine beinahe ausschließlich negative Sicht der Dinge. »Um eine neutrale Position uns selbst gegenüber zu gewinnen«, schreibt Kabat-Zinn, »müssen wir zunächst erkennen, dass wir fast ständig damit beschäftigt sind, innere und äußere Erfahrungen zu bewerten und auf sie zu reagieren, und müssen lernen, unsere Urteile und Reaktionen mit Abstand zu betrachten.« Unsere Gewohnheit, alles zu bewerten und in Kategorien einzuordnen, so Kabat-Zinn, beschränke uns auf »unbewusst ablaufende, stereotype Reaktionsmuster, denen jegliche Objektivität abgeht«. Ich hatte das Gefühl, dass der Mann über mich schreibt. Genau so war es ja bei mir: Ich fühlte etwas in meinem Körper, und sofort erfolgte eine Interpretation, die auf gut ausgebauten neurologischen Einbahnstraßen in meinem Gehirn immer zum gleichen Ziel führte: *Du bist krank.* Meditation, hieß es bei Kabat-Zinn, könne helfen, solche Muster zu durchbrechen.

Kabat-Zinns achtwöchiger so genannter MBSR-Kurs wird heute in der ganzen Welt in Kliniken und Therapieeinrichtungen eingesetzt, um Menschen zu lehren, besser mit Stress, Krankheiten und Ängsten umzugehen. MBSR bedeutet Mindfullness-Based Stress Reduction«, was man mit Stressreduktion durch Achtsamkeit übersetzen kann. Wo immer Sie also einen Meditationskurs angeboten bekommen: Wenn da steht, dass der Kursleiter eine MBSR-Ausbildung durchlaufen hat, dann können Sie schon mal sicher sein, grundsätzlich richtig zu sein. Diese Leute wissen, wovon sie reden, um dann mit Ihnen zusammen zu schweigen. Und sie werden keine Mantren singen müssen. Aber Sie werden lernen in die Stille zu gehen und achtsam zu sein.

Was ich hier schreibe, hört sich jetzt allerdings weiser und abgeklärter an, als es in Wirklichkeit war. Denn auch wenn ich täglich achtsam sein wollte – es gelang mir nicht immer. Dauernd lenkte mich irgendwas ab, oder ich war nicht im Hier und Jetzt, sondern bereits wieder in der Zukunft. Das Gedankenkarussell kreiste. Der eigene, unruhige Geist ist der größte Gegner bei der Achtsamkeitsmeditation. Sie kann ungeheuer viel bewirken. Wenn man sie denn richtig betreibt und lernt, den Geist nach und nach zur Ruhe zu bringen. Und genau das ist die Herausforderung: Meditation wirkt leider nur, wenn man sie regelmäßig jeden Tag betreibt. Und genau das war mein Problem. Ich blieb nicht konsequent dran. Mal meditierte ich ein paar Tage regelmäßig, dann wieder einige nicht. Mal besuchte ich einen Kurs, schaffte es aber nicht immer, auch hinzugehen. Manchmal machte ich es mir einfach, suchte mir ein Meditationsvideo auf YouTube und setzte mich vor den PC. Es gibt da ein paar gute und leider auch viele schlechte. Manche sind unfreiwillig komisch und klingen, als ob ein irrer Esoteriker einen mit schleppender Sprache hypnotisieren und danach ausrauben will. Andere sind ganz ordentlich, und man kann ganz gut entspannen.

Auch Apps wie Balloon oder 7Mind sind ziemlich gut zum Einstieg. Aber letztendlich geht es bei der Meditation natürlich darum, ganz bei sich selbst in der Stille zu sein und nicht darum, den Anweisungen eines anderen zu folgen. Aber das ist, wie gesagt, nicht ganz so einfach und erfordert viel Übung. Für manche sind diese Apps eine super Alternative, ehe sie gar nichts machen.

Von Abendkursen habe ich ja eben schon erzählt. Ich habe einige ausprobiert. Den größten Erfolg hatte ich bei einer Heilpraktikerin und Meditationslehrerin in Hamburg, die – ich erwähnte es oben bereits als ein Qualitätskriterium – ihr Handwerk bei Jon Kabat-Zinn persönlich gelernt hatte. Renate ist eine in sich ruhende, sehr warmherzige Frau mit natürlicher Autorität. Ich buchte einen Gruppenkurs bei ihr, und nach anfänglichem Fremdeln (ich war der einzige Mann unter lauter Frauen) war ich begeistert. Wir lernten Theorie und Praxis der Meditation, bekamen Hausaufgaben, und am Ende stand ein ganzer Tag, wo wir nur schwiegen und meditierten. Das Ganze hat mir viel für meine tägliche Praxis zu Hause gebracht.

Geholfen hat mir auch ein dreitägiges Wochenende im »Haus der Stille« vor den Toren Hamburgs. Das ist ein buddhistisches Meditationszentrum, das sich aber sehr explizit auch an Nicht-Buddhisten richtet und das mir von mehreren Leuten empfohlen worden war. Man kann dort alle möglichen Kurse buchen. Ich entschied mich für einen, in dem die Teilnehmer viel schweigen und meditieren sollten. Das klang gut. Gesabbelt wurde in meinem Job in der Redaktion schon genug.

Ich meldete mich also an, fuhr hin, checkte ein und erfuhr, dass wir tatsächlich schweigen sollten. Und zwar sofort, gleich nach der Begrüßung. Das überraschte mich nun doch ein wenig. Nur der Kursleiter würde in den jeweiligen Übungseinheiten reden. Wir selbst bitte am ganzen Wochenende weder mit ihm noch untereinander. »Okay«, sagte ich zu mir. »Hältst du halt einfach mal die Schnauze.« Und zu meiner Überraschung war das ein tolles Erlebnis. Ich bin einer, der viel und gern redet. Ich kannte es gar nicht, mal nix zu sagen. Aber es tat gut. Es war irgendwie eine Erleichterung, mal nicht alles sofort in Worte zu fassen und rhetorisch glänzen zu müssen.

Die Meditationssitzungen im »Haus der Stille« waren intensiv und ausgedehnt. Wir saßen auf Kissen und atmeten, angeleitet und ermuntert von einem freundlichen Mann, der eine ungeheure Aura hatte. Die personifizierte Ausgeglichenheit. Ein Meer der Ruhe. Schon mit ihm in einem Raum zu sitzen, beruhigte mich auf der Stelle.

Aber nicht lange. Irgendwann tat mir der Hintern weh, der Rücken zwackte, die Beine schliefen ein. Aus der kontemplativen Ruhe wurde innere Unruhe. Wie es den anderen ging, wusste ich nicht. Wir durften ja nicht reden. Aber ich hielt durch.

Später erfuhr ich, dass fast alle die gleichen Probleme hatten. Es ging dann aber jeden Tag besser. Und das gemeinsame Meditieren in der Stille hatte eine besondere Wirkung. Es war, als ob eine Art Gruppenenergie im Raum gewesen wäre. Ein gemeinsamer Wille zum Weg nach innen, der alle trug. Im »Haus der Stille« hatte ich meine bisher intensivsten Meditationserfahrungen. Kurze Gefühle der Klarheit, einer umfassenden Präsenz im Hier und Jetzt ohne jede Wertung. Das war tatsächlich erfüllend und hat mich damals angespornt weiterzumachen. In letzter Zeit habe ich das Meditieren allerdings etwas schleifen lassen. Zu viel zu tun im Job, das Wetter war so gut etc. Das Schreiben dieses Kapitels hat mich motiviert, jetzt wieder intensiver zu meditieren. Gleich jetzt werde ich mich hinsetzen. Ich sitze lieber auf einem Stuhl mit Lehne. Ist nicht ganz die reine Lehre, aber das Sitzen auf einem Kissen oder Hocker war und ist nicht mein Ding. Und meine oben erwähnte Lehrerin Renate sieht das entspannt. Gerade wenn man Rückenprobleme hat, habe es keinen Sinn, sich endlos auf einem Kissen zu quälen. Da wäre das Sitzen auf einem Stuhl dann schon okay. Man müsse aber richtig sitzen. Mit geradem Rücken und in aufrechter, würdevoller Haltung.

Wer es genauer wissen will, dem seien die Bücher über Meditation aus dem Literaturverzeichnis am Ende dieses Buches empfohlen. Da steht alles drin, was Sie für den Anfang wissen müssen. Spezialisieren können Sie sich dann später noch. Im

Brigitte-Special »Mein Leben ohne Stress« werden unter anderem die folgenden Meditationsformen vorgestellt: die eben schon erwähnte MBSR-Meditation mit Body Scan, die Nei-Yang-Gong-Methode, die mit dem Qigong verwandt ist, die schnelle Breathing-Space-Meditation für unterwegs, die Benson-Meditation mit einem Mantra und die dynamische Osho-Meditation, bei der man rumhüpft, tobt und dann wieder einfriert. Kann man alles machen. Ich will das hier nicht einzeln werten. Jeder muss finden, was für ihn passt. Ich bin mit Jon Kabat-Zinn und seinem MBSR prima zurechtgekommen. Ich mache jetzt gleich mal weiter. Live sozusagen …

Ich setze mich jetzt also auf meinen Stuhl, schalte den Flugmodus des Handys ein, hänge ein Schild »Ich meditiere« an die Tür, stelle meinen Handywecker auf dreißig Minuten und lasse mich dann von einem dezenten Sound darauf hinweisen, dass die Zeit vorbei ist. Den Sound habe ich mir extra heruntergeladen. Es ist der einer tibetischen Klangschale. So viel Buddhismus muss dann doch sein, finde ich. Das hat einfach was. Meditieren Sie doch einfach mal mit. Muss ja nicht gleich eine halbe Stunde sein. Viel Spaß beim Atmen. Also … ein und aus. Ein und aus …

Alkohol und Drogen zum Runterkommen

Sie ahnen es schon: Beides ist am Ende nicht sonderlich empfehlenswert. Oft halfen mir zwei, drei Gläser Wein, die inneren Dämonen eine Zeit lang wegzuschieben. Aber schon in der Nacht kamen sie wieder. Und dann umso heftiger. Ähnlich war es mit Marihuana. Auch das habe ich ausprobiert. Ein Joint dämpft kurzzeitig. Aber gerade für psychisch Kranke ist das wohl nicht wirklich empfehlenswert. Es gibt den begründeten Verdacht, dass Marihuana in bestimmten Fällen die Entstehung von Depressionen, Schizophrenie und Psychosen begünstigen kann. Das muss nicht passieren. Aber wenn man ohnehin schon psychisch krank ist, scheint das regelmäßige Kiffen aus meiner Sicht in diesem Zusammenhang keine richtig gute Idee zu sein. Aber wie immer gilt auch hier: Die Dosis macht das Gift. Wer mal an einem Joint gezogen hat, muss nicht gleich befürchten, psychisch abzustürzen. Ich würde aber nach allem, was ich bisher in Erfahrung gebracht habe, davon absehen, sich jeden Tag einen »Lötkolben«, wie wir früher sagten, reinzuziehen. All die anderen Methoden zur Entspannung (siehe oben) sind deutlich gesünder und auch billiger. Klar, die hämmern einen nicht sofort weg. Aber man muss eben ein wenig Geduld haben. Das Ergebnis ist dann umso befriedigender und nachhaltiger.

14.

BRIEF AN MICH SELBST

Kester schreibt an Kester

Als ich mal während einer längeren Krise einen Meditationskurs gemacht habe, wurden wir irgendwann von der Leiterin gebeten, eine Karte mit Wünschen an uns selbst zu schreiben, diese in einen Briefumschlag zu stecken, ihn mit der eigenen Adresse zu versehen und den Umschlag dann der Kursleiterin zu geben. Sie würde ihn irgendwann abschicken. Zu einem Zeitpunkt, den sie für richtig hielt. Wir taten es, ich vergaß das Ganze, weil der Kurs so intensiv war – und eines Tages lag der Brief in unserem Postkasten. Ich öffnete ihn und las, was auf der Karte stand:

Lieber Kester,
vergiss nie, dass jeder seine Packung zu tragen hat. Die Angst
kannst du nicht bekämpfen, aber sie kann einen anderen
Platz bekommen. Nicht: Ich habe Angst. Sondern: Da ist
Angst. Akzeptiere deine Endlichkeit. Lass los! Genieße! Lebe
dein Leben!

Dein Kester

Es war seltsam, diese Worte von mir an mich zu lesen. Sie zeigten mir, wie sehr ich zweigeteilt war. In den Kranken, Angstbesetzten und in den Rationalisten, der begriff, was mit ihm passierte. Warum hatten diese beiden Seiten nur so wenig Verbindung zueinander? Gerade jetzt, wo ich diese Zeilen schreibe, geht es mir wieder nicht sehr gut. Die Angst hat mich mal wieder im Griff, und obwohl ich das alles kenne und mir immer wieder sage, dass ich mir zu viele und unnötige Sorgen um die immer gleichen Dinge mache, bin ich machtlos. Es fühlt und denkt mich. Ich weiß, dass ich dieses Denken und Fühlen verändern kann, die gut gebahnten Straßen der Angst in meinem Kopf durch andere ersetzen kann. Und daran muss ich arbeiten. Ich bin sozusagen in einem ständigen Dialog mit mir selbst. Und der klingt oft in etwa so:

Na, wie geht es dir heute?
Beschissen, es geht mal wieder los. Das weißt du doch.
Du bist also mal wieder Opfer.
Ja, genau. So richtig am Ende. Und gleich wirst du sagen: Das kennst du doch.
Genau. Ich muss das sagen, weil es so ist: Das kennst du doch!
Ja, ich kenne es, aber es überwältigt mich immer wieder.
Was ist es denn diesmal?
Na, diese komischen Beschwerden …
Die, die du schon vor drei Jahren mal hattest?
Genau. Im Bauch und so.
Verstehe. Sag mal, irre ich mich, oder lebst du noch?
Ja, ich lebe noch.
Sie haben dich also in drei Jahren nicht umgebracht?
Nein, aber …

Ja?

Es könnte ja diesmal wirklich was sein.

Und was ist mit dieser anderen Sache?

Du meinst, dieses Druckgefühl da unten.

Genau.

Grad kein Thema.

Schön, also dann der Bauch. Wir rotieren ja mit den Organen, die betroffen sind.

Sarkasmus hilft hier nicht weiter.

Aber Angst haben ist besser?

Nein, aber ich kann nichts dagegen machen.

Ich habe Angst. Verdammt.

Flennst du jetzt etwa?

Ja. Was dagegen?

Allerdings. Es gibt nämlich keinen Grund.

Sagst *du.*

Was willst du tun?

Zum Arzt gehen.

Hm… willst du das wirklich? Nach allem, was du in den letzten Jahren gelernt hast?

Nicht wirklich, aber wenn ich höre, dass nichts ist, dann geht es mir wieder gut.

Lange?

Kommt drauf an.

Du weißt, dass das so am Ende nichts bringt.

Ja.

Und?

Es ist so schwer.

Wovor hast du noch mal Angst?

Krankheit, Siechtum, Tod.

*Aber du lebst gesund. Du warst bei Vorsorgeuntersuchungen.
Das Restrisiko…*

… muss ich aushalten. Ich weiß. Das muss jeder. Ich kann es aber nicht.

Du willst beruhigt werden.

Ja. Bitte.

Erinnerst du dich noch, was dir mal einer deiner Therapeuten gesagt hat?

Was meinst du jetzt genau?

Na, dass du dir am besten direkt in der Uniklinik in Hamburg ein Zimmer mietest. Dann hast du immer sofort alle Ärzte griffbereit. Oder du nimmst dir einen Leibarzt, der dich ständig untersucht.

Ja, ich weiß, ich muss…

Genau. Du musst dein Leben leben. Spaß haben. Genießen. Dankbar sein für alles, was dir schon geschenkt worden ist. Es gibt nur dieses eine Leben.

Das ich mir zur Hölle mache.

Ja. Es liegt an dir, das zu ändern.

Was soll ich tun?

*Aushalten. Nicht zum Arzt gehen. Abwarten.
Die Aufmerksamkeit auf andere, schönere Dinge lenken.
Kein Opfer sein. Lernen. Akzeptieren, dass es Gefahren gibt.
Du bist der Herr deines Denkens.*

Ich wünschte, du wärst immer da. Der coole Kester.

Ich bin immer da. Nur manchmal bin ich ein Gefangener in dir.

Wer hat dich rausgelassen?

Du.

Bleibst du?

Deine Entscheidung.

14. BRIEF AN MICH SELBST

15.

SCHREIB DAS AUF!

Warum Notizen wichtig sind

Wenn man psychisch krank ist, glaubt man sich selbst nicht. All die Ängste, all die Sorgen, all die Panik, die lähmende Depression – jedes Mal fühlt es sich wieder an wie eine grausame Premiere. Die anderen sagen: »Das kennst du doch. Das hatten wir doch schon mal.« Aber deine gestörte Psyche raunt: »Nein, *so* war das noch nie. Das ist jetzt besonders schlimm. Die wissen ja alle nicht, wovon sie reden.« Irgendwo tief drinnen weiß man, dass das nicht stimmt. Dass man so weit unten tatsächlich schon mal war. Aber diese Erkenntnis kommt nicht durch. Sie bleibt unter der Oberfläche, die beherrscht wird von negativen Gefühlen, vom Selbstmitleid, von der Angst.

Irgendwann sagte mir einer meiner Therapeuten: »Schreiben Sie's doch einfach auf. Führen Sie eine Art Angsttagebuch. Was ist passiert? Was fühle ich? Und was geschah danach? Dann haben Sie es schwarz auf weiß und glauben sich vielleicht.«

Ich war skeptisch. Meine Ängste waren so dominant, allumfassend und präsent, dass ich meinte, mich immer an alles erinnern zu können, weil das Empfinden so stark war. Das war natürlich Unsinn. Man weiß heute aus der Neurowissenschaft, dass Erinnerungen trügerisch sein können. Das Gehirn baut sich bei seinen Reisen in die Vergangenheit auch bei gesunden Menschen manchmal die sonderbarsten Geschichten zurecht. Bei psychisch Kranken ist die Gefahr vermutlich noch größer, weil sie die Welt ohnehin schon verzerrt wahrnehmen und Dinge anders filtern. Menschen mit sozialen Ängsten werden alles vermeintlich Peinliche, was sie erlebt haben, in der Erinnerung wahrscheinlich übergroß als monumentales Versagen vor aller Augen empfinden, und Hypochonder wie ich neigen dazu, Entlastendes zu unterschlagen und Dinge, die zum Krankheitswahn passen, überzubewerten. Das wurde mir aber erst nach und nach klar. Auch, weil ich tatsächlich begonnen hatte, Dinge zu notieren. Nicht regelmäßig, aber immer wieder einmal. Da ich über viele Jahre mit meinen Ängsten kämpfte und das immer noch tue, gab es also eine Vielzahl von Notizen in Kalendern, Kladden und kleinen Heftchen. Ich schrieb etwas und legte die Notizen »für später« irgendwo ab. Reinsehen konnte ich ja immer noch. Da ich so oft so verzweifelt war, wenn es mir wieder schlecht ging und ich panisch Arztbesuche plante, mein Denken also oft vollkommen aus dem Ruder geriet, sah ich anfangs so gut wie nie meine Notizen durch. Die akuten Angstattacken im Hier und Jetzt waren so beherrschend, dass ich anfangs gar nicht auf die Idee kam, mal die eigene Vergangenheit zu bemühen. Bis ich einmal in einem Urlaub mehr durch Zufall genau so eine Reise in die Vergangenheit machte. Ich hatte wie immer ein Notizbuch mit, weil ich gern im Urlaub Ideen aufschreibe. Das betreffende Notizbuch hatte ich vor drei Jahren schon einmal benutzt, es dann im Regal vergessen, für den Urlaub aber wiederentdeckt. Eines Abends saß ich dann dumpf brütend allein in unserem Ferienhaus, weil ich mal wieder eine meiner Angstattacken hatte und bestimmte Körperempfindungen mal wieder für bedrohliche Krankheitssymptome hielt. Vor mir auf dem Tisch lagen der Roman, den ich gerade las, und mein Notizbuch. Lesen mochte ich nicht. Also nahm ich mein Notizbuch und blätterte darin herum. Ich stieß auf einen Eintrag, den ich »All Time Favorites« genannt hatte. Und zwar drei Jahre zuvor. Und da standen – fein aufgelistet – alle möglichen vermeintlichen »Kester-Beschwerden«, darunter auch die, die mich gerade mal wieder belasteten. Ich war platt. Es las sich, als ob ich damals das beschrieben hätte, was ich gerade am Tag des Lesens »erlebte« und voller Angst erlitt. Schlagartig wurde mir klar, wie sehr ich mich mit den immer gleichen Themen und Ängsten befasste. Und das schon seit Jahren. Ich beschloss, von nun an regelmäßig Notizen zu machen, wenn mich etwas quälte. Ich will nicht behaupten, dass mich das geheilt hat, aber ich bin sicher, dass es der Heilung zuträglich war. Es half mir, objektiver auf mein Erleben zu blicken.

Ich kann nur jedem, der in einer psychischen Krise steckt, zu solchen Notizen raten. Schreiben Sie auf, was Sie belastet, was Sie runtergezogen und was Sie wieder aufgerichtet hat. Es hilft, das zu lesen, wenn Sie mal wieder abgestürzt sind. Denn es ist der Beweis: Es geht immer wieder bergauf, wenn man ganz unten hockt.

16.
WAS MIR GEHOLFEN HAT

– eine sehr persönliche Liste

- Liebe

- Meine Frau

- Meine Jungs

- Meine Freunde

- Meine Therapeuten

- Mein Hausarzt

- Andere Betroffene

- Gespräche

- Akzeptanz

- Abwarten

- Aushalten

- Zuversicht

- Erinnerungen

- Entscheidungen

- Bewegung

- Was tun

- Nicht rumsitzen und grübeln

- Schwimmen

- Hoffnung

- Weinen

- Lachen

- Tapferkeit

- Mal ordentlich den Marsch geblasen kriegen

- Getröstet werden

- Island

- Mit der Familie und Freunden zusammensitzen und essen

- Die richtigen Bücher (siehe die Literaturliste)

- Meditation

- Spazieren gehen

- Die Natur

- Die Sonne

- Mein Teich

Diese Sätze von schlauen Leuten haben mir immer mal wieder geholfen

»Lass nicht zu, dass dein Denken den Schmerz dazu benutzt, um dir daraus eine Opferidentität zu erschaffen. Wenn du dich selbst bemitleidest und anderen deine Leidensgeschichte erzählst, bleibst du dem Leiden verhaftet.«

Eckhart Tolle

»Unsere Gewohnheit, alles zu bewerten und in Kategorien ein-zuordnen, beschränkt uns auf unbewusst ablaufende, stereo-type Reaktionsmuster, denen jegliche Objektivität abgeht. Diese Urteilskraft beherrscht unser Denken so vollständig, dass es nahezu unmöglich ist, innerlich ruhig zu werden und Frieden zu erfahren oder mit einiger Klarheit zu sehen, was wirklich im Innen und Außen geschieht.«

Jon Kabat-Zinn

»Es handelt sich darum, alles zu leben.
Wenn man die Fragen lebt, lebt man allmählich,
ohne es zu merken,
eines fernen Tages
in die Antworten hinein.«

Rainer Maria Rilke

»Wir sehen die Welt nicht so, wie sie ist, sondern wie wir sind.«

Leo Tolstoi

»Auf Dauer nimmt die Seele die Farbe unsrer Gedanken an.«

Marc Aurel

»Eines Tages wirst du Glück erleben, das genau so groß ist, wie der Schmerz jetzt. Du wirst euphorische Tränen vergießen, wenn du die Beach Boys hörst, du wirst das Gesicht eines Babys betrachten, das in deinem Arm schläft. Du wirst große Freundschaften knüpfen, du wirst köstliche Gerichte essen, die du noch nicht kennst, du wirst den Blick von einem Aussichtspunkt genießen können, ohne darüber nachzudenken, wie hoch die Wahrscheinlichkeit ist, dass du stirbst, wenn du dich hinunterstürzt. Auf dich warten ungelesene Bücher, die dich bereichern, Filme mit einem extragroßen Eimer Popcorn auf dem Schoß. Du wirst tanzen und lachen und Sex haben und am Fluss laufen gehen und nächtliche Gespräche führen und lachen, bis es weh tut. Das Leben wartet auf dich. Im Moment steckst du fest, aber die Welt wartet auf dich. Halt durch, wenn du irgend kannst. Das Leben ist es immer wert.«

Matt Haig

»Es stimmt nachdenklich: Menschen mit einer schweren körperlichen Erkrankung, die ihr Schicksal akzeptiert haben, erreichen oft eine bessere Lebensqualität und mehr Lebenszufriedenheit als körperlich gesunde Menschen mit hypochondrischen Ängsten, die ständig mit der Abwehr potentieller Krankheiten beschäftigt sind und vor lauter Gesundheitssorgen ihre eigentlichen Lebensmöglichkeiten verpassen.«

Hans Morschitzky und *Thomas Hartl*

»Rauf auf die Achterbahn des Lebens. Glück ist auch eine Überwindungsprämie.«

Jens Corssen

17.
EMPFEHLENSWERTE BÜCHER UND CDS

Meine Top-Favoriten aus der Krisenzeit

Bücher

Corssen, Jens: **Der Selbst-Entwickler. Das Corssen Seminar.** Beust
Der Verhaltenstherapeut und Coach erklärt hier auf bestechende Weise, warum es nichts bringt, in der Opferhaltung zu verharren. Seine Botschaft: Du bist der Herr deines Denkens!

Ennenbach, Matthias: **Psychosomatik ist die Art und Weise, wie wir alle funktionieren.** Windpferd
Gute, kompakte Einführung in das Thema.

Gawande, Atul und Susanne Röckel: **Sterblich sein. Was am Ende wirklich zählt. Über Würde, Autonomie und eine angemessene medizinische Versorgung.** Fischer
Ein vielgelobtes Buch. Der Autor ist Arzt und findet bewegende und tröstende Worte. Eckart von Hirschhausen empfiehlt dieses Buch »jedem, der sterblich ist. In jedem Alter«. Und das völlig zu Recht

Haig, Matt: **Ziemlich gute Gründe, am Leben zu bleiben.** dtv
Das aus meiner Sicht beste und persönlichste Buch über Depressi-

onen, das ich kenne. Ein Betroffener erzählt und macht Mut. Sehr schön geschrieben.

Hartl, Thomas und Hans Morschitzky: **Die Angst vor Krankheit verstehen und überwinden.** Patmos
Ein sehr gutes Buch für jeden Hypochonder von einem Therapeuten und einem Wissenschaftsjournalisten.

Johnstone, Matthew, Ainsley Johnstone et al.: **Mit dem schwarzen Hund leben. Wie Angehörige und Freunde depressiven Menschen helfen können, ohne sich dabei selbst zu verlieren.** Kunstmann
Kurz, prägnant, gut illustriert. Eine hilfreiche Einführung in das Thema.

Kabat-Zinn, Jon und Horst Kappen: **Gesund durch Meditation. Das große Buch der Selbstheilung mit MBSR.** Knaur
Und das Ganze noch mal in sehr ausführlicher und wissenschaftlicher Form. Das Buch beschreibt außerdem den achtwöchigen MBSR-Kurs, also die Stressbewältigung durch Achtsamkeit.

Kabat-Zinn, Jon und Theo Kierdorf et al.: **Im Alltag Ruhe finden. Meditationen für ein gelassenes Leben.** Knaur
Ein Klassiker des Achtsamkeits-Papstes und eine gute Einführung in die Meditation.

Morschitzky, Hans und Sigrid Sator: **Die zehn Gesichter der Angst. Ein Handbuch zur Selbsthilfe.** dtv
Hier wird erklärt, wie Angst krank machen kann. Und es gibt konkrete Handlungsvorschläge. Sehr gut lesbar, umfassend und mit vielen Beispielen. Mir hat dieses Buch sehr geholfen

Morschitzky, Hans und Sigrid Sator: **Wenn die Seele durch den Körper spricht. Psychosomatische Störungen verstehen und heilen.** Patmos
Noch umfassender und mit vielen Beispielen über einzelne Körperregionen. Sehr aufschlussreich für Hypochonder, die hier endlich Erklärungen für ihre Beschwerden finden.

Rosa, Hartmut: **Unverfügbarkeit.** Residenz-Verlag
Der Soziologe erklärt hier sehr anschaulich, warum wir nicht alles kontrollieren, planen und beherrschen sollten und können. Unser ewiges »Schneller, Größer, Weiter« schafft Wut und Depression. Ein sehr schlaues Buch. Für mich ein Bildungserlebnis.

Schwartz, Jeffrey M. und Beverly Beyette: **Zwangshandlungen und wie man sich davon befreit.** Krüger
Wer wissen will, was Zwänge sind, was sie anrichten können und was man gegen sie tun kann: Hier steht es.

Stahl, Stefanie: **Das Kind in dir muss Heimat finden. Der Schlüssel zur Lösung (fast) aller Probleme.** Kailash
Ein sehr verständlich geschriebener Ratgeber, der erklärt, wie sehr uns die Erlebnisse der Kindheit prägen und unser Denken und soziales Leben bis ins Erwachsenenalter bestimmen.

Tolle, Eckhart und Erika Ifang: **Leben im Jetzt. Das Praxisbuch.** Goldmann
Auch ein Klassiker. Warum wir mehr im Hier und Jetzt leben sollten, weil es eben keine andere Realität gibt.

Wery von Limont, Sabine: **Das geheime Leben der Seele. Alles über unser unsichtbares Organ.** Mosaik

Guter, umfassender Überblick über die Vielzahl seelischer Leiden von einer Therapeutin. Mit vielen Fallbeispielen.

Yalom, Irvin D.: **In die Sonne schauen. Wie man die Angst vor dem Tod überwindet.** btb
Der Titel sagt ja alles. Schöner, bewegender Text.

CDs
Balloon oder 7Mind
Das sind Apps, mit denen man täglich am Handy meditieren kann. Sie sind gut gemacht und ein sehr ordentlicher Einstieg für Leute mit wenig Zeit. Man setzt sich die Kopfhörer auf, startet die App und taucht für ein paar Minuten ab. Aber, wie gesagt, ein Einstieg. Wer wirklich richtig meditieren lernen will, sollte einen MBSR-Kurs machen und regelmäßig zu Hause in Ruhe praktizieren.

Brandt, Henrik und Steffen Grose: **Weniger Stress durch Autogenes Training.** Audio CD. Verlag Hendrik Brandt
Eine recht gute CD, für alle, die mal Autogenes Training ausprobieren wollen.

Corssen, Jens: **Als Selbstentwickler zu privatem und beruflichem Erfolg.** Vier CDs. Campfire-Audio
Und hier spricht der Therapeut auf vier CDs selber. Aufrüttelnd.

Largo, Karl und C. Mayer: **Entspannungstraining nach Jacobson. Progressive Muskelentspannung mit Entspannungsmusik.** Media Sound Art
Und auch diese CD bietet einen guten Einstieg in die Progressive Muskelentspannung.

DANK

Ich danke Peter Wilke für kompetenten Rat und seine Hilfe. Ich danke Dr. Bruno Lamersdorf und Dr. Ulrike Lupke für ihr Verständnis und ihre Professionalität. Ich danke Markus, Jan, Niko, Katrin, Ulrike, Ingo, Till, Meike, Stepp, Jimmy, Thomas, Ulla, Jockel und all meinen verständigen Freundinnen und Freunden, dass sie stets an meiner Seite waren, auch wenn ich genervt habe. Danke, Monika und Georg, dass wir so ein gutes Team waren und so viele schöne Bücher zusammen gemacht haben. Und ich danke vor allem meiner geliebten Frau Gesa, dass sie es all die Jahre mit mir ausgehalten und immer zu mir gehalten hat und das glücklicherweise offenbar auch weiter vorhat. Du bist mein Lebensmensch!